EL AGUA QUIETA

EL AGUA QUIETA

Rodrigo Rey Rosa

Publicaciones Vista
Guatemala C. A.

Editado por Publicaciones Vista
Apartado Postal 226-C
Guatemala, Centroamérica

Algunos de los cuentos aparecieron en:
City Lights Review (California); *La Prensa Libre* (Guatemala); *The Threepenny Review* (California); *The Boston Review* (Massachusetts); y en la antologia "And We Sold the Rain".

Portada corresponde a una foto de Flores, Petén, Guatemala, cortesía de INGUAT y diseñada por Anne Brose

Segunda Impresión 1993.

ISBN 0-9626221-2-5

Para Jane Tomkiewicz

LA PRUEBA

Una noche, mientras sus padres bajaban por la autopista de vuelta de una fiesta de cumpleaños, Miguel entró en la sala y se acercó a la jaula del canario. Levantó la tela que la cubría, y abrió la puertecita. Metió la mano, temblorosa, y la sacó en forma de puño, con la cabeza del canario que asomaba entre los dedos. El canario se dejó agarrar, oponiendo poca resistencia, con la resignación de alguien que sufre una dolencia crónica, tal vez porque creía que lo sacaban para limpiar la jaula y cambiar el alpiste. Pero Miguel miraba al canario con los ojos ávidos de quien busca un presagio.

Todas las luces de la casa estaban encendidas; Miguel había recorrido cada cuarto, se había detenido en cada esquina. Dios, razonaba Miguel, puede verlo a uno en cualquier sitio, pero son pocos los lugares apropiados para invocarlo a El. Por último, escogió la oscuridad del sótano. Allí, en una esquina bajo la alta bóveda, se puso en cuclillas, al modo de los indios y los bárbaros, la frente baja, los brazos en torno de las piernas, y el puño donde tenía el pájaro entre las rodillas. Levantó los ojos a la oscuridad, que era roja en ese instante, y dijo en voz baja: "Si existes, Dios mío, haz que este pájaro reviva". Mientras lo decía, fue apretando poco a poco el puño, hasta que sintió en los dedos la ligera fractura de los huesos, la curiosa inmovilidad del cuerpecito.

Un momento después, contra su voluntad, Miguel pensó en María Luisa, la sirvienta, que cuidaba del canario. Y luego, cuando por fin abrió la mano, fue como si otra mano, una mano más grande, le hubiera tocado la espalda—la mano del miedo. Se dió cuenta de que el pájaro no reviviría. Dios no existía, luego era absurdo temer su castigo. La imagen e idea de Dios salió de su mente, y dejó un vacío. Entonces, por un instante, Miguel pensó en la forma del mal, en Satanás, pero no se atrevió a pedirle nada.

Se oyó el ruido de un motor en lo alto: el auto de sus padres entraba en el garaje. Ahora el miedo era de este mundo. Oyó las portezuelas que se cerraban, tacones de mujer en el piso de piedra. Dejó el cuerpecito del canario en el suelo, cerca de la esquina, buscó a tientas un ladrillo suelto y lo puso sobre el pájaro. Oyó la campanilla de la puerta de entrada, y subió corriendo a recibir a sus padres.

—¡Todas las luces encendidas!— exclamó su madre cuando Miguel la besaba.

—¿Qué estabas haciendo allá abajo?— preguntó su padre.

—Nada—dijo Miguel—. Tenía miedo. Me da miedo la casa vacía.

La madre recorrió la casa apagando las luces, en el fondo asombrada del miedo de su hijo.

Esa fue para Miguel la primera noche de insomnio. El hecho de no dormir fue para él lo mismo que una pesadilla, sin la esperanza de llegar al final. Una pesadilla estática: el pájaro muerto debajo del ladrillo, y la jaula vacía.

Horas más tarde, oyó que se abría la puerta principal; había ruidos de pasos en el piso inferior. Paralizado por el miedo, se quedó dormido. María Luisa, la sirvienta, había llegado. Eran las siete; el día aún estaba oscuro. Encendió la luz de la cocina, puso su canasto en la mesa, y, como acostumbraba, se quitó las sandalias para no hacer ruido. Fue a la sala y levantó la cobertura de la jaula del canario. La puertecita estaba abierta; la jaula, vacía. Después de un momento de pánico, durante el que permaneció con los ojos clavados en la jaula que se balanceaba frente a ella, miró a su alrededor, volvió a cubrir la jaula y regresó a la cocina. Con mucho cuidado recogió las sandalias, tomó su canasto y salió de la casa. En la calle, se puso las sandalias y echó a correr en dirección al mercado, donde esperaba encontrar un canario igual al que, según ella, por su descuido se había escapado.

El padre de Miguel se despertó a las siete y cuarto. Cuando bajó a la cocina, extrañado de que María Luisa aún no hubiera llegado, decidió ir al sótano a traer las naranjas para sacar el jugo él mismo. Antes de volver a la cocina, trató de apagar la luz, pero tenía las manos y los brazos cargados de naranjas, así que tuvo que usar el hombro para bajar la llave. Una de las naranjas cayó de su brazo y rodó por el suelo hacia una esquina. Volvió a encender la luz. Dejó las naranjas sobre una silla, hizo una bolsa con las faldas de su bata, y fue a recoger la naranja que estaba en la esquina. Y entonces notó el ala del pajarito que asomaba debajo del ladrillo. No le fue fácil, pero pudo imaginar lo que había ocurrido. Nadie ignora que los niños son crueles; pero, ¿cómo reaccionar? Los pasos de su esposa se oían arriba en la cocina. Se sentía avergonzado de su hijo, y, al mismo tiempo, se sintió cómplice con él. Era necesario esconder la vergüenza, la culpa, como si la falta hubiera sido suya. Levantó el ladrillo, guardó el cuerpecito en el bolsillo de su bata, y subió a la cocina. Luego fue a su cuarto para lavarse y vestirse.

Minutos más tarde, cuando salía de la casa, se encontró con María Luisa que volvía del mercado, con el nuevo canario oculto en el canasto. María Luisa lo saludó de un modo sospechoso, pero él no advirtió nada. Estaba turbado; tenía el canario muerto en la mano que escondía en el bolsillo.

Al entrar en la casa, María Luisa oyó la voz de la madre de Miguel en el piso de arriba. Dejó el canasto en el suelo, sacó el canario, y corrió a meterlo en la jaula. Con aire de alivio y de triunfo, levantó la cubierta. Pero entonces, cuando descorrió las cortinas de los ventanales y los rayos de sol tiñeron de rosa el interior de la sala, notó con alarma que una de las patas del pájaro era negra.

Miguel no lograba despertarse. Su madre tuvo que llevarlo cargado hasta la sala de baño, donde abrió el grifo y, con la mano mojada, le dio unas palmaditas en la cara. Miguel abrió los ojos. Luego su madre lo ayudó a vestirse, bajó con él las escaleras, y lo sentó a la mesa en la cocina. Después de dar unos sorbos del jugo de naranja, Miguel consiguió deshacerse del sueño. Por el reloj de pared supo que eran las ocho menos cuarto; María Luisa no tardaría en entrar a buscarlo, para llevarlo a la parada del autobús de la escuela. Cuando su madre salió de la cocina, Miguel se levantó de la mesa y bajó corriendo al sótano. Sin encender la luz, fue a buscar el ladrillo en la esquina. Luego corrió hasta la puerta y encendió la luz. Con la sangre que golpeaba en su cabeza, volvió a la esquina, levantó el ladrillo y se convenció de que el canario no estaba allí.

Al subir a la cocina, se encontró con María Luisa; la evadió y corrió hacia la sala, y ella corrió tras él. Al cruzar la puerta, vio la jaula frente al ventanal, con el canario que saltaba de una ramita a otra, y se detuvo de golpe. Hubiera querido acercarse más, para asegurarse, pero María Luisa lo agarró de la mano y lo arrastró hacia la puerta de la calle.

Camino de la fábrica el padre de Miguel iba pensando en qué decirle a su hijo al volver a casa por la noche. La autopista estaba vacía; era una mañana singular: nubes densas y llanas, como escalones en el cielo, y abajo, cortinas de niebla y luz. Abrió la ventanilla, y en el momento en que el auto cruzaba por un puente sobre una profunda cañada, quitó una mano del volante y arrojó el pequeño cadáver.

En la ciudad, mientras esperaban el autobús en la parada, María Luisa escuchaba el relato de la prueba que Miguel había recibido. El autobús apareció a lo lejos, en miniatura en el fondo de la calle. María Luisa se sonrió, y le dijo a Miguel en tono misterioso: "Tal vez ese canario no es lo que parece. Hay que mirarlo de cerca. Cuando tiene una pata negra, es del diablo". Miguel, la cara tensa, la miró en los ojos. María Luisa lo cogió de los hombros y le hizo girar. El autobús estaba frente a él, con la puerta abierta. Miguel subió el primer escalón. "¡India bruja!" le gritó a María Luisa.

El autobús arrancó. Miguel corrió hacia atrás y se sentó junto a la ventana en el último asiento. Sonó una bocina, se oyó un rechinar de neumáticos, y Miguel evocó la imagen del auto de su padre.

En la última parada, el autobús recogió un niño gordo, de ojos y boca rasgados. Miguel le guardaba un lugar a su lado.

—¿Qué tal?—el niño le preguntó al sentarse.

El autobús corría entre los álamos, mientras Miguel y su amigo hablaban del poder de Dios.

POLVO EN LA LENGUA

"Una más", se dijo a sí misma sonriendo. Estaba sola en lo que le parecía el cuarto miserable de un hotel. Los tabiques no tocaban el techo, y del cuarto contiguo llegaba una luz gris. Se incorporó en la cama, vencida, en la que no lograba dormirse. La pastilla verde que se puso en la boca era amarga, y, sin agua, hizo una mueca al tragar. No sabía dónde estaba, ni cómo había llegado allí. Estaba perdida; pero seguramente esto era un hotel. Se oía el canto de un gallo. Por algún camino se iba alejando el ronquido de un motor. Sentía que se movía la cama. Una pastilla más.

La mañana la encontró vacía, sin recuerdos, con el malestar del alcohol; sus pies colgaban al final de la cama y le dolía la espalda. "Dios, Dios, Dios", dijo en voz baja, a la vez irónica y desesperada. El suelo era de concreto pero no estaba frío. Empujó la puerta, que no se abrió completamente, y miró el cielo bajo y gris. Estaba en el patio de un hotel en el que no recordaba haber entrado. Las puertas de los cuartos no estaban numeradas. Atravesó el corredor y salió a la calle.

Recordaba esta calle, que era de piedra. La había visto ayer, pero el día de ayer le parecía muy lejano. Creía recordar las paredes blancas, los tejados. ¿Había habido gente en la calle? Era un pueblo muy tranquilo, demasiado tranquilo. Esta quietud no era natural y no presagiaba nada bueno, lo sabía. No recordaba el nombre del lugar.

¿Por qué no se veía a nadie? ¿Qué día era hoy? Y contaba con los dedos: ¿lunes? ¿domingo? Probablemente lunes. Un pueblo tan silencioso el domingo le habría preocupado demasiado. El lugar estaba muerto. Recordó que por la noche había cantado un gallo, y eso era mejor que nada. Ahora oía sus pisadas en las piedras. Se acercaba a la plaza principal. En el fondo de la calle se alzaba el costado de una iglesia. Algo le decía que no se acercara más. Se detuvo. Miró calle arriba y calle abajo. Se dio vuelta y comenzó a correr, alejándose de la plaza. Había oído un grito, que llegó débilmente. ¿El grito de un niño? Venía del interior de la iglesia, ¿o lo había imaginado? Dejó de correr, pero siguió andando de prisa y no paró hasta encontrarse dentro del hotel.

Cerró la puerta y luego la entreabrió para sacar la cabeza. La calle estaba desierta.

Quería preguntar a alguien qué pueblo era éste. ¿Dónde estaba el encargado del hotel?

—¿Ave María?—llamó suavemente; no se atrevía a gritar. Tenía una mano sobre el pecho y andaba paso a paso por el zaguán, mirando a un lado y a otro.

Recordó un autobús lleno de gente; así había llegado. Se detuvo en el corredor. Silencio. Este era un hospedaje de cuarta categoría. ¿Por qué había pasado aquí la noche? Cruzó el patio hacia su cuarto. Se sentó en la cama. No tenía reloj. ¿Dónde estaba el sol? Se miró las manos. ¿Qué había hecho por la noche?

Una melodía, la letra de una canción. Sí. Un salón lleno de gente, hojas de pino por el suelo. ¿Un baile? Algo que había querido olvidar. Un hombre, el que le había dado las pastillas. Por él, sin duda, estaba aquí. Se veía las líneas de la mano, como si algo hubiera estado escrito en ellas. Recordó un camino de tierra y un río que corría entre montañas. Oscurecía. Recordaba que el pequeño autobús daba saltos y virajes bruscos. Pero no recordaba cuándo se había subido ni hacia dónde iba. No sabía si se dirigía hacia el norte, o hacia el sur. El recuerdo del camino rápidamente se desvanecía; no quería que desapareciera, temía no volver a encontrarlo.

Salió al patio. En ese cielo oscuro el sol era invisible, y en el suelo de piedra nada proyectaba sombras. Parecía que todos los cuartos estuvieran vacíos. Oyó ruidos de pisadas que venían de la calle. Estaba asustada, y corrió hacia su cuarto. Cuando cerró la puerta, pensó que algo ocurría ahí afuera de lo que ella no quería enterarse. Entonces, tuvo un recuerdo que no sabía si era el recuerdo de un sueño. Le había dado a un hombre un golpe con una piedra en la cabeza. Una piedra pesada, con la forma de un huevo; lo golpeaba a traición. El hombre era su esposo.

Los sonidos que llegaban del zaguán eran voces de hombres, una de ellas muy aguda. Se iban acercando por el corredor. En el cuarto contiguo, a la derecha, alguien llamó a la puerta. Un momento después, tres golpes secos en su propia puerta le hicieron dejar de respirar. La puerta se abrió.

El aire apestaba debajo de la cama. Las sábanas caían por el borde de la cama hasta el suelo, y no pudo ver los pies de quien entraba. El frasquito de las pastillas había quedado encima de la cama; le pareció que el hombre se inclinaba a cogerlo. Le oyó girar sobre sus talones, y la puerta se cerró. Ahora llamaba a la puerta del otro cuarto, el de la izquierda.

Miraba los ovillos de polvo y las telarañas viejas que temblaban con su respiración. No podía quedarse ahí más tiempo. Cuando los ruidos se hubieron alejado, vio que el miedo se convertía en una sensación de incomodidad, de vergüenza. Salió lentamente de debajo de la cama. Tenía que enfrentarse con el encargado y pagar el cuarto. Iría a la plaza. Quería comer algo. Luego averiguaría la salida del próximo autobús para la capital. Empujó la puerta, pero no se abrió. Empujó con el hombro; estaba encerrada.

No quería dar patadas a la puerta ni gritar. Se puso de pie en la cama y miró por encima del tabique; su cuerpo no podría pasar. Se sentó en la cama. Tenía hambre y la boca le sabía a papel. Abrió los ojos y se quedó mirando fijamente el suelo, porque recordaba que antes de tomar el autobús había viajado con su esposo en un avión. El tamaño del ala de metal bajo su ventanilla le había parecido absurdo. Sintió que se había alejado tanto en este viaje que le sería imposible regresar. Se puso de pie y volvió a probar la puerta. La empujó con todo el cuerpo, la golpeó con los pies. Era más fuerte de lo que parecía. Gritó. Y tuvo la sensación aterradora de que el grito no salía del cuarto. Volvió a gritar.

¡Era ridículo! Creía que no serviría de nada presentar una queja ante el dueño del hotel. Golpeó la puerta con los puños. Alguien tendría que venir.

De pronto la invadió el cansancio y se tendió en la cama. La pared estaba húmeda y olía a hongo. ¿Por qué estaba segura de que estaba en un hotel? El techo era demasiado bajo. Cerró los ojos. Le hubiera gustado que alguien le diera un masaje en el cuello, pues le dolía. Juntó las manos sobre el vientre. Comenzó a frotarse la boca del estómago, para engañar el hambre. Tenía que tranquilizarse. No era fácil esperar allí tendida. La atravesaron recuerdos claros, pero tan antiguos que no podía situarlos en el tiempo. ¿Cuántos años tenía la primera vez que vió su propio rostro? Recordaba el marco labrado del espejo.

Su madre la había conducido al cuarto que unos años más tarde sería el suyo. Las cortinas estaban corridas. Su abuela, muerta, parecía dormir en la cama. Su madre la había llevado hasta la cama, y ella había alargado la mano para tocar la nariz, que ya estaba fría. "No", le dijo su madre. "Dale un beso". Le hubiera gustado saber si en la muerte continuaban los sonidos. Ahora, dejó de recordar para buscar algún sonido. La luz se había hecho más débil. La cara congelada de su abuela le decía: "También tú has muerto. Estás muerta".

Desde que se dio cuenta que la puerta había sido cerrada por fuera, desde que gritó y sintió que su grito no era oído, esa idea había comenzado a fermentar en su cabeza. Ahora la atravesó como una luz y la paralizó. Un frío en la sien fue el resultado de querer levantar una mano y no lograrlo. El frío bajaba hacia sus piernas, hasta sus pies, y subía, como si corriera con la sangre. ¿Tenía los ojos abiertos o cerrados? Parpadeó. Ya no había luz.

¿Cuánto tiempo había estado allí? No podía creer que fuera un día. La cama comenzó a mecerse y de pronto saltó. Fuera de sí, rodó por el suelo. Había oído un rumor que ahora era un rugido. El suelo también se mecía. Se había golpeado la cabeza. Las patas de la cama rechinaban.

"Tengo que estar soñando", se dijo a sí misma. "¡Estoy muerta y sigo soñando!" La entusiasmaba la idea. Llegó a imaginar que de alguna manera observaría etapa por etapa el proceso de su descomposición. La carne se convertiría en gusanos. Era la forma más humilde que hubiera imaginado de la transmigración, pero en ese momento le bastaba. Un ruido infernal rompió en el cuarto; le hizo saltar y caer de espaldas. No podía estar muerta, pensó. Del cielo raso caían pedacitos de tierra. ¿La enterraban? "¡Estoy viva!" gritó. Y repitió en voz baja: Estoy viva. Tenía polvo en la lengua. Quería escupir.

Unos minutos de calma. No quería abrir los ojos, pero tampoco quería tenerlos cerrados. Comenzaba a tener sueño y sabía que no debía dormirse. Le parecía que en el sueño se olvidaría de sí misma, que despertaría convertida en otra: la diosa tutelar de una colonia de gusanos. La locura. Por fin el sueño la venció.

Despertó. Dos hombres la arrastraban en una postura no del todo incómoda a través del patio. Se dio cuenta de que no les temía. El calor de sus brazos era un alivio. Tenía frío.

Salieron a la calle. El cielo era rojo. Sentía que no necesitaba de los hombres para andar, pero dejó que continuaran sujetándola. De tiempo en tiempo la tierra temblaba y se oía ese rumor sordo que ya conocía. Entraron por una puerta baja en una pieza circular. Las paredes eran de tela y se movían con el viento. Los hombres eran jóvenes. Uno de ellos comenzó a palparle los brazos y las piernas. Luego le hizo abrir la boca para mirar dentro.

—¿Le duele la cabeza?—le preguntó.

—¿Dónde estoy?—dijo ella—. ¿Qué pasó?

—Podría tener una fractura en el cráneo, aunque no lo creo, señora. Trate de calmarse. Yo haré lo que pueda hacer.

—Pero no recuerdo nada—protestó ella—. ¿No comprende?

—Sí, comprendo—dijo él—; ya recordará.

Del centro del techo colgaba una canastilla de alambre. Allí, entre otras cosas que reconoció como suyas, estaba el frasco de las pastillas; era la prueba de un delito que no recordaba que había cometido. El dueño del hotel llegó a cobrarle.

Por la tarde le dijeron que viajaría a la ciudad, donde su esposo la esperaba. Un auto de alquiler llegó a recogerla. Atravesaron el pueblo semidestruido, que hombres vestidos de verde comenzaban a descombrar. Los maizales estaban devastados y la tierra era del color de la ceniza. Por el lado bajo del camino, sobre una colina sin árboles, un indio hincado de rodillas quemaba incienso. Hacía oscilar el incensario y el humo se esparcía por el aire gris.

LA RAZON

Alguna vez soñé con ser santo; no soy sabio, ni siquiera soy razonable. Narrar esto es una suerte de castigo.

Apenas dormí la noche anterior, y si dormí, fue como estar en el fondo de un pozo. Vi—no sé si dormido o despierto—las espaldas de una mujer muy alta, y la lluvia sobre un río. Cerca del amanecer pensé: "No soy como debiera haber sido".

Me levanté como todos los días, me lavé y me vestí con cuidado. No puedo olvidar las formas que el espejo del hotel daba a mi cara; me rasuré mal, casi sin mirarme, y después me oculté la navaja en la manga. Saboreé el jugo de limón, el café y el pan con miel de siempre. Salí a la calle y abrí el paraguas. Recuerdo haber pensado que los motivos que la llovizna repetía al dar contra la tensa tela negra afectaban mi ánimo. Al llegar a la dirección indicada, pregunté la hora. Dejé pasar unos minutos antes de entrar.

Cuando uno ha bajado hasta donde yo he bajado, entonces un acto cualquiera puede no ser lo que aparenta: cortarse las uñas, cruzar una puerta.

Detrás del muro había un jardín descuidado. Tres obreros tiraban de una cuerda atada a lo alto de un árbol que estaba por caerse. En el fondo del jardín, mirando al este, había una hilera de edificios como templos, rojos y desamparados. El último edificio era distinto de los otros; no tenía pilastras al frente, y era casi todo de vidrio. Entré, y se me acercó una mujer muy maquillada.

—¿Dónde está la recepción?—le pregunté.

—¿Qué recepción?

—¿Y las oficinas?

—¿Qué oficinas?

—¿Quién atiende?—dije—¿No trabaja nadie aquí?

—Sí, sí. Los doctores. Venga.

Ella iba delante; pasamos por un corredor celeste y amarillo con varias puertas laterales. Era como si hasta la última partícula de vida hubiera sido extraída del aire que se respiraba. La mujer abrió una puerta a la derecha y me hizo entrar. Se sonrió, sacando la cabeza desde el corredor, y luego cerró la puerta.

El cuarto no tenía ventanas; una luz temblorosa alumbraba desde una abertura en el techo. Me miré los zapatos, y sentí que no sabia bien quién era yo. Levanté ligeramente los talones. Alcé los ojos y miré la manecilla; la puerta se entreabrió despacio. Crucé las piernas.

El doctor asomó la mitad del cuerpo, volvió atrás la cabeza y dijo por encima del hombro: "Hacen mal en reírse". Luego me saludó. El diálogo fue corto. Le pregunté por mi hermana, y me respondió que estaba bien. "Asombrosamente bien", fue lo que dijo. Pero insistió en que habláramos de mí. "¿Quiere beber algo?" me preguntó, señalando la nevera que estaba en la esquina. Un poco aturdido, le dije que sí. Me molestaba el no haber visto el aparato hasta que él lo señaló. El refresco sabía a menta.

—Usted escribe, ¿no es cierto?—me dijo, y sin dejar de mirarme sacó una hoja de papel y la puso sobre la mesa. Se llevó la mano al pecho.

—Tengo mi pluma—le dije.—¿Qué quiere que escriba?—

—Escriba lo que quiera. Pero llene el folio. ¿Comprende?

—¿Quién lo va a leer?—le pregunté, irritado.

—Esté tranquilo. Yo, y uno o dos colegas. Mientras más los conozcamos a los dos, mejor.

No quise contestarle. Al levantarse para salir, me tocó el hombro. Me puse de pie. En uno de los azulejos del suelo había una mancha de tinta. Me saqué un pliego de papel carbón y otro pliego en blanco de la manga, los puse debajo de la hoja que el doctor me había dado, y me senté a escribir.

Apenas hube llenado la hoja y ocultado el papel carbón y el duplicado, el doctor abrió la puerta.

—¿Listo?—preguntó.

—Listo—le dije sonriendo. Sin mirarlo siquiera, guardó el papel en un portafolio negro.

—Magnífico—dijo con voz falsa—. Sígame.

Salimos y doblamos a la derecha. El pasillo era larguísimo; se me ocurrió que unía por detrás a los otros edificios. Una enfermera nos salió al encuentro, y el doctor le pasó el portafolio. Ella sonrió y siguió su camino. Me invadía el cansancio, y tuve la impresión de que ascendíamos. El doctor andaba dos o tres pasos delante de mí. La sombra de mi cabeza se desgarraba entre sus pies. No puedo explicar la tristeza que sentí.

Me detuve; aquí las puertas estaban numeradas. Había una ventanita arqueada al final del pasillo.

Las copas de unos árboles plomizos se agitaban con el viento detrás de las hebras de lluvia. "¿Hemos subido?" inquirí. El me tomó del brazo y abrió una puerta. "Pase". Metió la mano y encendió la luz. Este cuarto no era distinto del otro, pero en la esquina había un catre, y en la pared del fondo el agua golpeaba una ventana.

Creo que es inútil narrar lo que ocurrió después; tal vez lo más sensato sería detenerme. De este lado de la ventana, ví una hendidura de luz, como la llama de un hilo invisible al quemarse. Di un paso, y la luz no se movió. Yo estaba tenso. Me busqué la bocamanga, y me lancé contra la ventana.

Cuando volví en mí, estaba sentado en el catre, recostado en la pared. El techo me cansaba la mirada. Incliné la cabeza y vi una mancha ovalada y parduzca en la sábana, entre mis piernas. La enfermera entró por fin. "¿Y el doctor?" le pregunté. Su mirada estaba perdida. "No sé qué habrá pasado", comenzó a decir. Yo me reí con una carcajada de la que no me arrepiento. "Olvídese", le dije; "está muerto".

Mi ropa colgaba del respaldo de una silla. Cuando la mujer salió, me levanté y saqué el papel carbón y el duplicado que había escondido en la camisa. "Todo ha cambiado", me dije. "Soy otro hombre". Había un brillo extraño en mis manos, en el suelo, en todo el cuarto.

EL ENTIERRO

"La ciudad ha crecido", se decía Antonio Blanch al contemplarla desde lo alto, cuando el avión viraba en redondo en un cielo sin nubes. Regresaba a su ciudad natal después de varios años de ausencia; era retomar el hilo de una historia leída a medias. Hacía meses que se había iniciado entre su abuelo materno y él una copiosa correspondencia, y el viejo, con curiosas razones, lo había convencido de que volviera.

Las ruedas del avión tocaron el suelo; la pista estaba llena de baches. El aeropuerto no había cambiado. Mientras esperaba su turno en la aduana, Antonio deseaba que nadie hubiera venido a recogerlo; le habría gustado alojarse en algún hotel del centro y pasar unos días de incógnito, para ver con ojos de extranjero la ciudad. Revisado el equipaje y el pasaporte sellado, anduvo hacia la salida y empujó la pesada puerta: no reconocía a nadie en el salón. También en la calle sólo había extraños. Cuando estaba por subirse a un taxi, lo detuvo la voz de su madre.

El taxista sacó la maleta, que ya estaba en el baúl, y Antonio se dirigió al auto que conducía su padre. "Creí que nadie vendría", les dijo.

Camino de la casa le informaron que todo iba de mal en peor en el país. Era cierto que la ciudad había crecido; tal vez desde arriba no podía verse que el crecimiento era una enfermedad, pero casi todas las nuevas viviendas estaban hechas de láminas. Su padre quería vender el almacén para irse a vivir a un lugar más seguro, pero no encontraba comprador. El abuelo acababa de mudarse a la casa. Se encontraba muy bien, para su edad, pero necesitaba constante atención. Su madre le previno que por lo pronto los dos compartirían el cuarto.

Al día siguiente, caminando por el parque, el abuelo le habló. Repitió casi palabra por palabra lo que le había dicho en las cartas. Su voz era baja, reposada, y sus ojos resplandecían. Quería vivir en retiro sus últimos días, igual que los padres del desierto, en alguna caverna, y esperar la muerte a solas, en silencio. Pero temía que no podría hacerlo porque le faltara libertad. Luego — no sin antes haberse asegurado de que contaba con la reserva de su nieto — le pidió que esa misma tarde, mientras sus padres no estuvieran en casa, lo llevara a un asilo de ancianos no lejos de allí.

El padre de Antonio se puso furioso cuando oyó la noticia. Después de todo — se decía — el viejo tenía derecho de escoger, y si no le gustaba vivir en la casa, no era culpa de nadie.

Antonio tomaba la sopa en silencio. El abuelo le había pedido que esperara un día antes de divulgar el nombre del establecimiento, pero los ruegos de su madre se tornaban histéricos.

—Cálmate—le dijo el padre.

La mujer se levantó de la mesa y salió del comedor.

A la mañana siguiente, Antonio llevó a su madre a ver al abuelo. El hablar con él la tranquilizó; se veía jovial y contento. Aquí podía hablar cuanto quisiera sin aburrir a nadie, y era un consuelo, vano tal vez, compararse con otros hombres de su edad y ver que no estaba tan mal.

Pasearon por el pequeño jardín, y poco antes del anochecer se despidieron.

—Me gustaría mucho que volvieras a la casa— dijo ella cuando estaban a la puerta.

—Sí, sí. Esto no es una cárcel— el viejo sonrió.

Pasó una semana. Ahora Antonio tenía que convencer a sus padres de que salieran de viaje. "Creo que papá lo necesita", le dijo a su madre. "Además, tal vez sería más fácil hacer que el abuelo vuelva si ustedes no están."

Era el verano, y el calor comenzaba a hacerse insoportable, así que no fue muy difícil persuadir al padre a que cerrara por unos días el negocio.

—Antonio tenía razón—dijo el señor Blanch mientras cerraba el frasco de aceite bronceador.

Esos días de descanso a la orilla del mar —el sol, la arena, el ruido de las olas, las caminatas nocturnas por el puerto, la música de guitarras y tambores; todo esto aliviaba el malestar de las fricciones domésticas. Desde esa isla alejada del siglo, la señora Blanch llegó a ver la inesperada conducta de su padre como una señal favorable; era una manifestación de vitalidad y de entereza, un escudo contra la decrepitud.

Al cabo de diez días estaban de vuelta en la ciudad, para ver confirmado el temor que durante el corto intervalo habían logrado mantener oculto. En el aeropuerto, en medio del gentío, Antonio abrazó a su madre y le susurró al oído que el abuelo había muerto.

En silencio, con aire abatido, metieron el equipaje en el baúl. "El entierro será por la tarde", dijo Antonio. La mujer rompió a llorar, y su esposo le ayudó a subir en el auto. "Murió en casa", siguió Antonio, poniéndose al volante. "Yo estaba con él."

Había poca gente en la iglesia. Negro y labrado, el ataúd destilaba oscuridad; los cuatro cirios que lo rodeaban despedían un brillo sin luz. La voz del sacerdote, baja y pastosa, flotaba por la nave como una niebla: "Yo hice la luz y formé la noche, dice la palabra del Señor. Y así decimos que el que destruye el ojo causa la ceguera, y que quien no salva la vida del prójimo cuando pudiera, lo ha matado. Pero Dios nos quita la vida para darnos otra."

Antonio pensaba en el mundo físico: ¿Dónde estaría el abuelo? En la imaginación veía un vasto espacio donde luz y oscuridad se juntaban sin mezclarse, como el vino y el aceite. Respiraba el incienso, sentía el peso de su cuerpo, oía el crujir de sus zapatos negros. Su padre volvió la cabeza para mirarlo, cerró y abrió los ojos gravemente. Su madre miraba hacia adelante, más allá del sacerdote, más allá del alto crucifijo, más allá del muro de la iglesia.

El coro resonaba en el templo: *De profundis clamavi...* Entre Antonio, su padre, un viejo amigo del abuelo y un pariente lejano, levantaron el pesado ataúd.

El cortejo fúnebre bajaba por la calle, un río de fango. A través del cristal, la madre de Antonio miraba las caras sin verlas, oía voces sin oírlas. Con la lentitud y la tristeza, la ciudad era otra.

Bajaron la caja, la tierra cayó encima. Un joven obrero contó los ladrillos, mientras otro mezclaba arena, cemento y agua. Sellaron la tumba.

Lejos de allí, en una cueva espaciosa, se movía el abuelo. Cerca de la pared ardía un fuego, y en la húmeda piedra la sombra del hombre era un ave, que después se convertía en lobo, en lagarto (ahora el viejo se estaba acurrucando). Al apagarse el fuego, la sombra se volvió un enorme huevo oscuro.

EL AGUA QUIETA

En el fondo de cieno y guijas de la laguna, descansaba el cuerpo de un hombre, los ojos abiertos, como si mirase el sol líquido de un cielo inferior. Un pequeño pez negro y amarillo nadaba al lado de la pierna; otro hurtaba mordiscos a la oreja. Hacía tiempo que yacía ahí, abajo, y su forma quieta era ya parte del paisaje de agua. El semblante parecía estar en paz, pero una curva de asco se borraba y volvía a dibujársele en los labios. El pelo y las algas se mecían al vaivén suave del oleaje. Mientras el fango lo cubría, el cuerpo fue cambiando poco a poco; los ojos, que al principio estaban ahuecados, resalían de la cara hinchada. No quedaba color en las pupilas, que sólo habrían visto oscuridad. El vientre se puso enorme y una noche, del fondo negro, subió el cuerpo lentamente; su huella se borró del fango, y la carne salió al aire y fue llevada por las olas hasta la orilla.

El comisario de la policía de Flores se inclinó sobre el cuerpo con un pañuelo apretado a la nariz. Pocas cosas le disgustaban tanto como una muerte sin motivo, y sus ojos inyectados buscaban, lentamente, algún indicio de violencia. Nada descubrió; sólo las huellas de las manos de los pescadores que lo hallaron y lo sacaron del agua, y las mordidas de los peces en la cara y las manos, cerradas en puño. El comisario ordenó que las abrieran: en una, no había nada; la otra tenía un poco de tierra y una piedra. Por la estatura parecía que era un extranjero. El comisario irguió la cabeza y dobló el pañuelo.

Richard Ward, norteamericano, de cincuenta años, había llegado hacía nueve meses al Petén. Había comprado un terreno a orillas de la laguna de Itzá, donde hizo construir una casita. Tenía la intención de retirarse a vivir allí con su mujer, Lucy, que aguardaba sus noticias en Wisconsin para reunirse con él. Dos semanas antes de que el cuerpo fuera encontrado, Richard Ward había sido visto en un almacén de Flores, y después había desaparecido. Su sirviente, Rafael Colina, fue conducido a la comisaría, donde lo interrogaron inútilmente. En vano se registró su choza, en el terreno de Ward. Lo tuvieron preso algunas horas, y después de darle los palos rutinarios, le dejaron salir.

Lucy Ward llegó a Flores un húmedo domingo de septiembre. Era gorda, con cierta gracia en los miembros. En la comisaría le entregaron la cajita con las cenizas: *37*, se leia en la tapa; *Sr. R. Ward.* Un auto de la policía la llevó hasta el terreno, donde la esperaba Rafael.

Recorrió la propiedad, examinando el paisaje con los ojos atentos de quien mira un cuadro abstracto que no llega a comprender; se dio cuenta, con sorpresa, de que le gustaba. Entró a ver la casita, y decidió pasar allí la noche. Más tarde, antes de dormirse, pensó en su esposo, y le agradeció el haber encontrado ese lugar. Probaría a vivir allí algún tiempo.

Desde el principio fue como si la ausencia de compañía humana, que había temido extrañar, hubiera sido suplida por la vida febril de la plantas, por la actividad de los insectos, y por la presencia tenue de Rafael. Poco a poco iba descubriendo los pequeños milagros de la selva, y aprendió a aceptar las inconveniencias—las hormigas ubicuas, el sudor eterno, los mosquitos del crepúsculo y del amanecer.

Por las noches, después de la cena, salía a sentarse en la mecedora, y se quedaba oyendo las voces de la tierra con su metálico ritmo adormecedor. De día le gustaba andar entre los árboles por un sendero angosto que su esposo había abierto. Caminaba hasta cansarse, y se tendía entre las lianas para quedar respirando el olor suave de ramas y hojas muertas. A veces cogía alguna mariposa rara, o cortaba flores sin nombre.

Una noche de lluvia incesante, el ruido del agua en el techo de palma no le dejaba dormir, y por primera vez la inquietó la muerte de su esposo. El miedo fue entrando en ella como el agua que comenzaba a colarse en el cuarto. Una gota gruesa cayó junto a la almohada; empujó la cama al centro del cuarto. Relampagueaba. Poco antes de quedar por fin dormida vio, a la luz de un resplandor, a Rafael que la miraba desde la puerta. Abrió y cerró los ojos. Pensó en alargar la mano para encender un fósforo, pero comprendió con alivio que se había engañado; la cara era una mancha en la madera. Respiró profundamente y se hundió en el sueño.

Por la manaña, el sol ya en lo alto, abrió los ojos y oyó a Rafael que trabajaba en la cocina. El aire era dulce con el olor a maíz. Agujas de sol entraban por las rendijas, se oía una mosca que zumbaba. Hizo la cama y se vistió para salir.

Buenas, le dijo Rafael, enseñando los dientes amarillos.

Lucy salió de la cocina y fue a sentarse al corredor.

Rafael puso la bandeja en la mesita al lado de la silla. Estaba sirviendo el café, cuando ella volvió la cabeza para mirar a lo lejos y dijo en voz baja, Estaba pensando en don Ricardo.

El la vió con sorpresa un instante; apartó los ojos e irguió la cabeza. Don Ricardo, dijo. La luz jugaba sobre la laguna. Lucy levantó la taza de café, y él le dio la espalda para volver a la cocina.

Esa mañana, en lugar del paseo por la selva, Lucy anduvo hasta la punta del muelle y se tendió sobre una toalla a tomar el sol. Pensaba en el pasado como en algo vacío e impreciso; la memoria se derretía en el calor.

El sol le quemaba la cara. Oyó a Rafael que empujaba su cayuco al agua, y se incorporó para verle remar junto al muelle.

Voy a ver si hay pescado, le dijo, y siguió remando hacia la otra orilla.

Se acostó de bruces. Estuvo mirando las flores blancas bajo el agua, y después cerró los ojos para dejar de pensar.

El calor se hizo intenso. Se tiró al agua y nadó de arriba abajo frente al muelle. Volvió a salir y dejó que la secara el sol. Se dirigía a la casa, cuando la puerta abierta en la choza entre los plátanos le llamó la atención. Miró para atrás—el agua quieta—y anduvo a pasos rápidos hasta la puerta. Asomó la cabeza a la sombra interior.

En una esquina descubrió una gran olla de barro, elevada del suelo por algunas piedras; debajo había cenizas y ascuas muertas. Se detuvo helada en el centro del cuarto. Cerca de su cara, suspendido en el aire, un enorme sapo la observaba. Abrió la boca, y Lucy distinguió el bote de vidrio y el hilo que pendía de lo alto. El sapo se movió, apoyando cuatro dedos en el vidrio. El miedo se convertía en lástima. Tocó el bote con la uña, y el sapo subió y bajó los párpados. La tapa había sido agujereada con un clavo, y en el fondo había briznas verdes y una mosca. Lo hizo girar, y acercó la cara para examinar las manchas en la piel del sapo.

Se oyó un lejano ruido hueco de madera. Miró por la puerta el cayuco a media laguna. Rafael remaba de pie, un golpe a la derecha, uno a la izquierda, sin quitar la vista de la orilla. Lucy sintió un hilo que le corrió por la espalda, y vio que el pelo le escurría. Salió de la choza; en el suelo de tierra quedó una figura de gotas de agua.

Esa tarde Rafael le sirvió un cocido de pescado. Ella lo probó sin gusto, y dejó el plato casi intacto. Rafael le preguntó si algo estaba mal con la comida. No, la comida estaba bien; el sol le había arruinado el apetito. En cuanto Rafael se retiró a la choza a dormir la siesta, Lucy entró en la cocina a arreglarse un plato de fruta.

Tendría que hablar con Rafael. Era una crueldad lo que hacía con el sapo. Recordó la piel tortuosa, los ojos tristes tras el vidrio. Sentada en el corredor, estuvo mirando la laguna; pensaba en las cenizas de su esposo.

Dejó la mecedora y anduvo en silencio —había silencio en la tarde— hasta la puerta entreabierta de la choza. Rafael, en cuclillas de espaldas a ella, jugaba con el sapo, que había sacado del bote, acosándolo con una vara. El sapo, arrinconado, se hinchaba en amenaza; sobre sus ojos saltaban puntas negras como cuernos.

Retrocedió algunos pasos y llamó con voz fuerte: ¡Rafael!

Rafael se levantó de un salto y sacó la cabeza.

Disculpa, le dijo ella. Necesitaba unos limones. ¿Tal vez podrías ir a la tienda?

Cuando Rafael desapareció por el camino de la aldea, Lucy descorrió el pasador y empujó la puerta. El sapo estaba otra vez en el bote. Desenroscó la tapa, puso el bote en el suelo, y, con el pie, hizo salir al sapo por la puerta. Echó el cerrojo y regresó al corredor. El sol se acercaba al horizonte.

Rafael volvió al oscurecer. No había limones, dijo al pasar frente a ella, y siguió andando hacia la choza. Lucy se quedó mirándolo, meciéndose en la silla. Lo vio abrir la puerta, entrar, y de pronto volver a salir, como si alguien lo hubiera empujado. Buscó de parte a parte por el suelo; tras las matas que rodeaban la choza, al pie de los plátanos, en el arriate del sendero, entre la cañas. Volvió a buscar en la choza, y después se detuvo a la puerta, mirando hacia afuera.

¿Qué pasa? le gritó Lucy. Lo vio acercarse, baja la cabeza.

Alguien se metió en mi casa.

Los mosquitos le picaban. ¿Alguien? ¿Cuándo?

Rafael miró para atrás. ¿No vio a nadie?

La luna estaba llena, el aire no se movía. Antes de la cena, Lucy salió a mirar el cielo desde la orilla. Sabía que Rafael se resentía por la mentira.

Por un momento tuvo el deseo de confesar la culpa, pero por lo pronto el silencio le pareció lo mejor.

La mesa estaba servida. Se terminó el pescado, aunque sin ganas; quería complacerlo. (Ahora sentía lástima por él.) Le pidió perdón, en voz baja. Rafael se sirvió su plato y le dio las buenas noches. Cuando la vela se apagó en la choza, Lucy entró a su cuarto.

A media noche un peso en el vientre le hizo despertarse.

Lo sintió subir por el pecho. Era algo frío; ahora andaba por el cuello, y se detuvo en la boca. No podía moverse; sus miembros eran pesados. Y entonces vio al sapo que se hinchaba...

Arrojó las sábanas y saltó de la cama. Un líquido amargo le raspaba el paladar; quería sacarlo. Encendió una linterna y corrió al baño. Se arqueó. Dejó correr el agua y se mojó la cabeza. Se sentó en la alfombra, y después no pudo levantarse. Miraba en el espejo la luz de la linterna.

CORALIA

—Es una gran mujer—decía el hombre sentado a la mesa junto al mostrador de un pequeño restaurante—. Cuando salgamos de aquí te llevaré a su casa. Te va a encantar.

Hablaba con una mujer, aparentemente una extranjera, de pelo rojo y cara muy blanca. El hombre vestía una guayabera celeste; tenía el pelo gris y la piel tostada por el sol.

En la mesa vecina una joven pareja escuchaba la conversación mientras esperaban ser atendidos. "Habla de ella", dijo en voz baja el joven con una sonrisa. Antes de entrar en el restaurante, habían estado hablando de Coralia. "Tiene un ego del tamaño de una iglesia", había dicho a modo de resumen antes de empujar la puerta. "Pero ya que vas a estar aquí vale la pena que la conozcas".

—Suena interesante—dijo la muchacha, escrutando la arrugada hoja de papel en que estaba escrito el menú.

El había pedido un pescado del lago, y casi se traga una espina cuando la mujer que se llamaba Coralia apareció a la puerta. Pasó por entre las mesas, erguida la cabeza, sin mirar a un lado ni a otro, y se detuvo frente al mostrador.

—Es un poco miope—dijo el joven al oído de su compañera.

El hombre de pelo gris se había levantado a saludarla.

—¡Señor Méndez! Qué suerte—dijo Coralia—. A usted lo estaba buscando. Iba a llamarlo, pero está muerto mi teléfono. Venía a llamarlo desde aquí. Y aquí lo encuentro.

—A sus órdenes, señora. ¿Qué se le ofrece?

—Fíjese— comenzó Coralia, sentándose en la silla que el señor Méndez había acercado a la mesa—. Ricardito, mi hijo —le aclaró a la mujer de pelo rojo— tuvo que llevar la camioneta a la ciudad, y yo necesito ir al otro lado del río por una carga de leña. Quería pedirle que me alquilara su camión.

—De ninguna manera.—El señor Méndez decía no con todo el cuerpo.—Iré a traer la leña con mucho gusto. Ahora mismo, si quiere. ¿Dónde está? Imagínese—terminó, mirando a la mujer de pelo rojo—, alquilarle mi camión.

Coralia se puso de pie.

—No sabe cuánto se lo agradezco. La leña está en casa de Domingo, al lado de la tienda. Ya está pagada. ¿No quiere que lo acompañe? ¿O lo espero en mi casa, con una taza de café? Ella también está invitada, por supuesto.

Al darse vuelta para salir, Coralia vio a los jóvenes en la otra mesa.

—¡Enrique!— exclamó.

El joven se limpiaba la boca.

—No puedo creerlo— le dijo Coralia. ¿Desde cuándo estás aquí? ¿Por qué no has pasado por la casa?

—Acabamos de llegar— contestó Enrique. Se puso de pie, le dio un beso en la mejilla y la abrazó.

—Hasta luego— dijo el señor Méndez al pasar hacia la puerta—. Llegaremos a las cinco por ese café.

Coralia le vió salir con ojos de aprobación.

—No has cambiado— le dijo Enrique —. La misma influencia. ¿Quién es el señor Méndez?

—El señor Méndez es un ángel. Es el dueño de la finca El Rosario. Es un caballero hecho a la antigua, un poco duro con sus peones, pero un buen amigo.

—Coralia. Rita.— Enrique presentó a la muchacha, que miraba con interés a la otra mujer.

Coralia respiró profundamente.

—Enrique—dijo—. Cuéntame. ¿Qué has hecho de tu vida? Ni siquiera sé dónde has estado.

Enrique acababa de pagar la cuenta. Sacando el aire ruidosamente, dijo:

—¡Qué comida! ¿Nos vamos?— y se levantó.

Afuera, un automóvil resplandecía bajo el sol. La muchacha bajó corriendo las gradas y se sentó en el parachoques.

—Son las tres— le dijo Enrique a Coralia—. Tenemos tiempo para ir a dar una vuelta. Te llevamos a tu casa después.

Coralia miró con desgana el camino de asfalto que llevaba a su casa.

—Haría lo que fuera con tal de no ir a pie con este sol— confesó.

El asiento trasero estaba lleno de maletas. Coralia, sentada delante entre Enrique y su amiga, sugirió que tomaran el camino del Jaibal.

—Lo abrieron hace poco hasta la peña—dijo—. Hay una vista maravillosa de todo el lago.

Enrique hizo virar el auto y aceleró cuando estuvieron en la carretera.

Después de un largo silencio, mientras subían por el costado de una montaña, Coralia comenzó a hablar. Había cruzado las piernas sobre el asiento, y parecía que iba mirando algo que se movía con el auto varios metros por encima del camino.

Su vida presente, a pesar de las inconveniencias que traía consigo el vivir en un pueblo pequeño, era la vida ideal. Advirtió que era una persona muy abierta, y que le gustaba decirlo todo, desde el principio. No ocultaba nada (no conocía la vergüenza) y si alguien iba a ofenderse era mejor que se ofendiera de una vez. Viendo que Rita parecía interesada, decidió hablar de su pasado. Enrique ya conocía la historia, pero se mostraba deseoso de oír una nueva versión.

El camino de tierra al que habían doblado atravesaba unos cafetales, y después de bajar bruscamente terminaba al pie de una alta peña. Dejaron el auto y subieron a la cima por una vereda. Soplaba una brisa fresca, y los tres se sentaron en la hierba, mirando hacia el lago. A los ojos de Rita ya Coralia era un ser extraordinario. Le había oído contar cómo salió victoriosa de una dura niñez, con un padre borracho que la perseguía y una madre vanidosa e indiferente. Había descubierto muy temprano el refugio de la vida interior. Habló de una escalera de caracol, en un convento donde había estado interna. El día de su llegada, a la hora de acostarse, cuando estaba por subir al dormitorio, se había desmayado. Fue entonces cuando oyó una voz—la voz de un hombre—que le decía que nadie podría hacerle daño. Cada vez que trataba de subir por la escalera le ocurría lo mismo. Las monjas habían acabado por darle un cuartito en el piso inferior. Sin embargo, cada vez que podía, Coralia iba sin ser vista a la escalera. Aunque le daba miedo el desmayarse, le gustaba oír la voz.

Había aprendido a cantar en el convento. Llegó a formar parte del coro, y nada le gustaba tanto como las horas que pasaban salmodiando en la capilla. Alguna vez consideró la idea de convertirse en monja, atraída por la madre superiora, que a menudo les hablaba de los gozos de las bodas y el abrazo del Amado.

Nadie la visitaba, salvo un tío y una tía. Todas las semanas le traían algo; a veces golosinas, y, a menudo, a espaldas de las monjas, libros. Fue así como Coralia empezó a instruirse en las creencias orientales. Leía todos los libros, y aunque no sabía bien de qué trataban, la lectura había sido para ella como el sumergirse en las aguas de la sabiduría.

Por aquel tiempo su hermosa cabellera le llegaba a la cintura. Las monjas habían querido hacérsela cortar, por temor a los parásitos. Pero afortunadamente alguien había intercedido, y se le permitió conservarla, a condición de que guardara un aseo escrupuloso. Pero era un tormento el tener que desenredarla con el peine cada mañana y cada noche, y por fin se había rebelado. ¡Era ridículo que no le dejaran hacer lo que quisiera con su propio pelo!

Un día, en el aula, una monja la vio que se rascaba la cabeza, y la sacó al corredor para someterla a un cuidadoso examen. "¡Piojosa!" gritó, y la llevó a rastras hasta el despacho de la superiora. Fueron necesarias tres monjas para sujeterla, mientras una cuarta le cortaba rápidamente las trenzas con las tijeras.

Esa tarde Coralia le escribió a su madre para pedirle que la sacara del convento. La mujer le contestó que lo sentía, pero no podría complacerla; estaba demasiado ocupada con los trámites de su divorcio. Coralia resolvió que nunca volvería a hablarle. El domingo la visitó su tío, y al enterarse de lo ocurrido, le ofreció ayudarla.

Coralia estuvo callada un momento; pensaba en el buen hombre. Iba a proseguir, cuando Enrique señaló el sol rojo que ya tocaba las montañas.

—Son más de las cinco—dijo, mirando su reloj de pulsera.

—Pobre el señor Méndez.— Rita se había levantado.

Coralia parecía sorprendida por la interrupción.

—En verdad, Rita—iba diciendo mientras bajaban por la vereda—la vida es maravillosa.—Rita la miró por encima del hombro—. Pero lo más maravilloso es estar enamorada.

Enrique ya estaba en el auto.

—¿Tú has estado enamorada?—preguntó Coralia cuando hubieron arrancado. Y continuó antes de que la muchacha contestara—: Uno se enamora pocas veces. Una, quizá dos. A mí me ha pasado dos veces. La primera fue la más fuerte. Duró diez años. La segunda...

En el silencio incómodo que se produjo, Enrique habló.

—¿Es paciente el señor Méndez?

—La segunda vez—siguió Coralia, mirando de reojo a Rita y señalando a Enrique con el dedo—me enamoré de él.

Parecía que la muchacha no le hubiera oído, porque en su cara (miraba los árboles que el auto iba iluminando a la orilla del camino) nada cambió.

—¿Ya te lo ha contado?—Coralia quería saber, pero Rita no contestaba.

—¿Se lo contaste?

Enrique se rió.

—No le he contado nada.

Pocos metros después de cruzar el río, Enrique tuvo que sacar el auto del carril, deslumbrado por los fuertes faros de un pequeño camión que bajaba velozmente en el sentido opuesto.

Rita volvió la cabeza.

—¡El señor Méndez!—exclamó.

El señor Méndez había detenido su camión junto al río.

Le vieron subir a la parte trasera del camión, y, apoyándose de espaldas en la cabina, empujar furiosamente las rimas de leños, que cayeron del camión para rodar por el declive y perderse en el agua del río. El cielo estaba lleno de estrellas.

EL PAGANO

La lluvia había cesado y la luz del sol, templada por cortinas transparentes, entró en el espacioso comedor. Un hombre, a la cabecera de la mesa, una mujer y tres niñas comían el postre en silencio. Era un silencio pesado. A la derecha del padre, había un lugar vacío, un pedazo de pastel comido a medias.

"Eres un mentiroso", le había dicho el padre. Desde su poca altura, el hijo lo había mirado sin decir nada. Pelos negros asomaban por la nariz del hombre, que veía al niño casi con desprecio. El niño, conteniendo el llanto, se había levantado de la mesa, y se había encerrado en su cuarto. Se tendió en la cama y abrió un libro, para distraerse.

Más tarde se levantó y fue a mirarse en el espejo. Hacía algún tiempo que su cara había comenzado a gustarle. En sus labios, que antes le parecían demasiado gruesos, ahora descifró una expresión de fuerza y de humor. Sus ojos eran castaños, y si los entrecerraba, bajo las cejas oscuras, miraban como los de un hombre. Se arregló el cabello y salió al corredor. Calladamente bajó las escaleras y salió por la puerta trasera al jardín.

La caballeriza no estaba lejos de la casa. Era un edificio de bloque con techo de lámina. La luz oblicua entraba por una alta buhardilla, trenzas de ajo colgaban aquí y allá para ahuyentar a los murciélagos, y el aire olía a afrecho y a orín. Uno de los caballos resopló al sentir que alguien llegaba. El niño entró en el tramo de una yegua negra y la ensilló.

Al montar, dejó de ser el hijo de su padre, para convertirse en un guerrero. Salió al trote por la calle de tierra, y cabalgó hacia los montes que rodeaban la ciudad. Niños descalzos, lavanderas, mendigos y borrachos le veían pasar—envidia, odio, deseo, admiración. Pronto las chozas quedaron atrás, y empezó a subir por un sendero entre los árboles. El distante ruido de los autos que corrían por la carretera era un sonido hostil. Era el camino del hombre blanco. El sol rojo caía entre las nubes. Al llegar a la cima tiró de las riendas y se alzó en los estribos para mirar alrededor. Fue a galope hacia la garganta sobre la que pasaba el acueducto antiguo, pues desde ahí podría, sin ser visto, contemplar la carretera que serpenteaba abajo.

Ató la yegua en el lugar acostumbrado, escondida detrás de unas encinas, y bajó por el declive hasta el andén. En mitad del puente se detuvo y se agachó. Aquí faltaban piedras en el parapeto, y por una grieta podía verse el ejército de autos que tarde tras tarde vomitaba la ciudad. Las antiguas piedras estaban peligrosamente flojas. Hacía días que la idea se le había presentado—la idea de dejar caer una piedra y, como un dios, desde lo alto, cambiar el curso de la vida de un mortal.

"¿Por qué lo hiciste?" le preguntaría el dueño del largo coche negro escogido por la piedra. "¿Por qué?" Sujetado por los brazos del chofer, él trataba de soltarse. Por fin, dándose por vencido, decía: "Si me permite, señor, tal vez pueda explicarle. He estado viniendo al puente de algún tiempo a esta parte, para ver los autos pasar. Es algo digno de verse, si uno logra olvidarse de todo, olvidarse de sí mismo, olvidar el puente y el camino, para que sólo quede la corriente de luces, o las dos corrientes, una roja y una blanca. La otra noche estuve pensando, Dios, quién no podría pasar bajo mis pies en este instante. Entre la multitud de autos, podría ser un asesino, lo mismo que un santo. Alguien que tuviera la llave del enigma de mi vida, o la de mi perdición. ¿Pero, señor, quién es usted? ¿Y por qué cayó mi piedra sobre su auto?"

La piedra sobre la que se apoyaba estaba cubierta de musgo. Se movió ligeramente. Levantó el musgo con la uña; la piedra era porosa. Comenzaba a oscurecer y las luces de los autos estaban encendidas. ¿Qué sucedería si el auto sobre el que la piedra caía iba conducido por una mujer? El auto sería rojo; no lograba imaginar a la mujer. Su uña estaba negra y la piedra, desnuda. Tal vez un ángel malo andaba por ahí, porque pensó: "Empújala, ahora"; pero la voz que oyó era su propia voz.

Empujó la piedra.

Se oyó un rechinido de neumáticos, y luego el estruendo de autos que chocaban—dos, tres, cuatro. Por un momento hubo silencio. Se puso de pie y echó a correr, doblado hacia adelante, cubierto por el parapeto. Al llegar al final del acueducto, miró para abajo. Desde el caos en medio del camino, un hombre alzó la mano y señaló a donde él estaba.

—¡Alto ahí!—gritó.

El saltó al sendero y siguió corriendo. Los hombres gritaban; dos de ellos comenzaron a subir tras él por la vertiente. Corría, se resbalaba; los gritos eran proyectiles arrojados a sus espaldas. Si conseguía llegar al encinal antes que los hombres alcanzaran la altura del puente, estaría a salvo. Le parecía curioso el ver que, mientras su atención se concentraba en evitar las raíces y agujeros del sendero, iba pensando que hubiera preferido no estar solo, para tener más tarde alguien con quien comentarlo. Dio un traspié y rodó por el suelo. Los hombres no se veían, pero sus voces sonaban cerca. Se metió en el encinal y paró a cobrar aliento. Ya estaba oscuro entre los árboles. Llegó junto a la yegua; comenzaba a desatarla, cuando una voz—la voz de un niño—le hizo volverse.

—Te vi—le dijo.

El lo miró como si no comprendiera.

—Te vi tirar la piedra.—Era la voz de un chantajista.

Las crines de la yegua estaban enredadas; una mosca se le paró en la oreja; la sacudió. Reflejada en su ojo negro, encontró la solución: la camisa del otro niño y la suya eran blancas.

—Me viste—le dijo, soltando las riendas. Tenían la misma estatura; él llevaba botas y su rival iba descalzo. Bajó la cabeza. Se cumplían las palabras de su padre. La yegua mordió el freno, y él saltó sobre el otro, que cayó de espaldas en el suelo. Se sentó a horcajadas sobre él. Le dijo entre dientes:

—No me viste. Yo te vi a vos.

Le dio un puñetazo en la boca. Apretó las rodillas; el otro se retorcía.

Cuando los dos hombres, jadeantes, llegaron a su lado, se puso de pie.

—Lo vi—dijo, señalándolo—. Lo vi empujar la piedra.

El niño escupió sangre y se llevó las manos a la boca.

Uno de los hombres, cuya frente sangraba, lo agarró de la camisa y lo pateó.

—Arriba—le dijo—. Vamos a ver si mataste a mi mujer, desgraciado.

El niño lloraba. Trató de defenderse, pero con la boca llena de sangre le costaba hablar, y no había dicho tres palabras cuando el hombre le dio una bofetada. La yegua alzó una mano y la dejó caer. Su amo puso el pie en el estribo.

—¿Cómo te llamas?— preguntó el otro hombre cuando la hubo montado.

El dijo su nombre. Su voz produjo una resonancia incómoda. Se apresuró a añadir:

—Siento lo de su mujer.

Los hombres, con el niño descalzo, salieron del encinal.

Dio vuelta a la yegua y se alejó despacio, porque el camino era angosto y ya no había luz.

Aunque se decía que no tenía nada que temer, que su palabra valía más que la del otro, sus piernas temblaban y estaba intranquilo. "No había otro camino", pensaba, y por otra parte: "Eres un mentiroso", su padre insistía.

Estaba bien que fuera de noche, que la yegua fuera negra, y que en el mundo de los hombres no hubiera nada seguro. Desde una vuelta del sendero se vio por un instante la ciudad iluminada; era como si volviera de un lugar lejano. El final de la jornada estaba cerca. El humo salía de las chozas, y la yegua avivó el paso.

Se sintió vulnerable al desmontar. Tomó un puñado de sal de un cubo y se lo dio a la yegua; le gustaba sentir la lengua áspera en la palma de la mano. Le acarició el cuello y el pecho, y corrió hacia la casa.

La mesa estaba servida. Todos parecían estar de buen humor.

—¿Hasta dónde llegaste?—le preguntó su madre.

—No muy lejos—dijo él. Miró a sus hermanas y empezó a cortar la carne. No quería que le hicieran más preguntas.

Nadie le creería si contaba lo ocurrido. Le hubiera gustado hablar de ello con alguien, pero el poseer un secreto también era bueno. Le daba risa pensar que su secreto era impenetrable, que ni siquiera él mismo lo podría traicionar.

Su padre lo observaba.

—Mírate las manos—le dijo.

La uña negra resaltaba contra el mantel blanco.

—¿Qué estabas haciendo?—le preguntó.

El levantó la mano, como si quisiera verla con más luz. Se volvió hacia su padre, pensando: "No soy un mentiroso", y se dio cuenta de que iba a decirle la verdad.

—No estoy seguro—dijo—. Creo que maté a una mujer.

Sus hermanas se rieron.

—No es broma—dijo él—. Dejé caer una piedra desde el puente, y ella estaba abajo.

—Júralo—le pidió su hermana menor.

—Lo juro.

—¿Por qué te gusta mentir?—le preguntó su padre.

El se limpió la boca y miró la servilleta. No pensaba hacerle caso. Se recostó en la silla y cruzó los brazos.

Su madre le ofreció la fruta.

—¿En qué estás pensando?—le preguntó.

Se imaginaba al otro, que pagaba por él: un cuarto húmedo, sin luz.

—En nada—respondió.

Hubo un silencio. Luego terminaron de cenar.

ANGELICA

En la mente de Angélica Pierri surgían viejos recuerdos. Toda la mañana había estado como alejada de todo. El mundo, de pronto, se había transformado para ella: era la muerte que la tocaba desde dentro.

Se había sentido débil después de recibir la llamada. Aunque se repitió varias veces que sí era cierto, no alcanzaba a creer lo que le habían dicho. Comprendió que los muertos no parten, sino que se quedan dentro de los suyos. Con el que había muerto sintió la deshonra que causa la muerte por mano de hombre.

Entre el sueño y el ensueño, se veía a sí misma y veía a Manuel desde lejos. El ritmo de su aliento, los colores del cuarto, los sonidos que venían desde fuera, le parecía que eran parte del pasado. Se sentía inaccesible al momento presente; se había refugiado en lo más hondo de su cuerpo, y el futuro no existía.

El humo del cigarrillo la hirió en los ojos, parpadeó. Se llevó el filtro a los labios. Quiso creer que ya había vivido ese momento, que su vida se había repetido innumerables veces, que se repetiría una vez más. En la oblicua luz de la mañana las partículas de polvo flotaban en círculos lentos, el humo del cigarrillo era azul.

Se dejó caer en la cama, y la atravesaron las visiones.

En esa misma cama, tiempo atrás, él le había narrado su vida pasada: el tedio de las calles de Ciudad Mendoza, lo que hacían allí hombres y mujeres para no morir de aburrimiento.

Tres días más tarde, Angélica llegó a Ciudad Mendoza. Las mujeres altas y rubias son escasas allí. Las divisó, madre e hija, en el mercado. Para asegurarse, pasó una vez junto a ellas; quería reconocer el lunar blanco en el cabello de la madre. "¡Y, por ella!" gritó para sus adentros. A los pocos pasos se agachó, y, fingiendo interés, preguntó el precio de una fruta cuyo nombre no conocía. Escuchaba: las extranjeras hablaban finlandés. Todo se ajustaba a las confidencias de su novio muerto.

Luego, desde lejos, las fue siguiendo por el pueblo. Con agrado comprobó que se dirigían al hotel.

Entraron casi juntas las tres en el vestíbulo. Las vió perderse tras una puerta en el fondo. Luego subió a su habitación. Se acostó a descansar, esperando.

Desde la calle subía el ruido de los niños. Angélica seguía recordando, y pensaba que con lo que haría esa noche se rompería el círculo de su existencia. Se sentía cerca de Manuel. En ningún momento pensó en el mal. Al oscurecer, se desvistió para lavarse y cambiarse de ropa; fue sólo entonces cuando reflexionó que mediría su fuerza con la fuerza de un hombre. Abrió su bolso para sacar una sortija que se puso en el dedo. Sus ojos irradiaban una cierta paz.

Bajó al comedor y se sentó a cenar a solas. Una voz interior le había dicho que dejara de pensar. Las cosas suceden; nosotros no somos sino el instrumento.

Un hombre se le acercó. Antes de alzar los ojos, ella advirtió el acento italiano; de soslayo, miró el anillo en el anular. Lo dejó que se sentara con ella. Conversaron, y al poco rato había confirmado el nombre. "Nunca lo ví", le había dicho Manuel. "Cavalcanti. El mismo nombre del hotel".

Angélica bebió su café y se levantó de la mesa. "Nos vemos", dijo ya de espaldas. El la miró alejarse y salir por la puerta, la oyó subir las escaleras.

Antes de morir, las cosas se ven bajo otra luz; tal vez los ojos saben que no volveran a verlas.

En ese momento Carlo Cavalcanti escuchaba las distintas voces de la noche, y el sonido de su propio aliento. Su mujer y su hija asomaron por la puerta, le dieron las buenas noches en finlandés, y desaparecieron. El no se movió. Los ojos fijos en la taza de café vacía, se humedeció los labios. Sus pasos resonaron en el salón. Desde el fondo oscuro del zaguán, con odio sumiso, su mujer lo vió empezar a subir las escaleras. El cerró los ojos. En el pasillo de arriba había luz. Después de pasarse el dedo por las cejas, llamó a la puerta. Silenciosamente, la puerta se abrió.

Antes de llegar a explicarse lo que le había ocurrido, cayó de espaldas. Desde el suelo vio la larga punta del silencioso revólver. Se llevó las manos al vientre: sangre, y un hedor imposible. Todavía sin comprender, vió a la mujer que se agachaba a su lado. Y desde dentro de una nube distinguió las ágiles manos que le soltaban el cinto, le descubrían el sexo. Un cuchillo diminuto lo sacó de su estupor. "Maldita", logró decir, pero el timbre de su voz le hizo ver que ya se encontraba en el infierno.

Angélica miraba: los labios del moribundo estaban entreabiertos. Le metió la punta del cuchillo entre los dientes, y le abrió la boca. Del negro vacío brotó sangre negra. En ese instante Angélica vio por fin la viva imagen de Manuel ya muerto, el sexo en la boca.

Angélica dejó el pueblo antes del amanecer.

EL HUESPED

Cuentan que en el centro de la isla, en la montaña que se pierde entre las nubes, hay una laguna muy profunda, un ojo azul que mira al cielo. Y en el centro de la laguna hay otra isla, un montículo de piedras, donde vive un hombre solitario que acaso porque siempre ha estado solo no es en realidad un hombre.

El hombre ya es viejo, y no recuerda a la gente que vive en la otra isla. Aun en los días más claros, cuando trepa a la roca más alta, no alcanza a ver la tierra que rodea la laguna, que para él es infinita. A veces sueña por las noches, y ve caras y otras cosas que no comprende; entonces siente que está solo y que no debería estar solo. Se despierta con frío, y si la brisa sopla, desde la cueva oye el agua que sube y baja entre las rocas.

Una manada de cabras habitan la pequeña isla. Se alimentan de las hojas de las higueras que crecen aquí y allá entre las piedras. El hombre, que come los higos y bebe la leche de las cabras, se siente dichoso; pero cuando sueña con aquellas caras—y las caras tienen brazos, y son muchos los ojos que lo miran—se vuelve como los otros hombres: se siente perdido, no comprende nada, y no sabe qué es lo que siente y no comprende. La luna cuando está llena, las cabras que a veces rehuyen su presencia, el agua que una noche suena más clara que nunca, la cueva misma, o las rocas que resaltan contra el cielo, cada cosa podría encerrar un secreto. El hombre lo presiente: el final, la última hora, la barca que, cuando niño, lo trajo a la isla, y que pronto vendrá para llevárselo. Un día, al salir el sol, verá una vela, un punto blanco en el poniente. Ese día algo le será revelado. El sueño de las caras dejará de parecerle absurdo. Verá cosas que una vez vio y ya no recuerda, cosas que para él eran del sueño. Por un momento se verá libre del misterio, para luego entrar en otro misterio.

La luna se hundió; el agua, la tierra, el cielo y el hombre que lo contemplaba se hicieron uno con la oscuridad. Después de un largo silencio, un rayo de sol alumbró el cielo. El aire era tan claro que el hombre, que había trepado a una alta roca, podía ver la espuma que hacían las olas al romper contra la proa de una barca que navegaba en la distancia.

Las cabras se reunieron alrededor del hombre. Una de ellas se acercó y suavemente le tocó la pierna. El hombre se arrodilló y bebió de su leche. Por un instante consiguió borrar la imagen de la barca, pero cuando ésta viró (ahora estaba a pocos metros de la isla) el sacudirse de las velas se oyó por encima del sonido del viento, y el hombre y la cabra levantaron la cabeza. El piloto saludó con una mano, y con la otra recogió la cuerda de la escota. El viejo bajó a la orilla, y aguardó el refluir de las olas para saltar. Nadó hasta la barca y subió a bordo. El piloto lo miró de arriba abajo, y el viejo se sintió avergonzado. Bajó los ojos para mirarse a sí mismo, y sintió el peso de su pelo y las largas barbas que le cubrían el pecho. Otro hombre subió a cubierta, y ahora el viejo sintió miedo. Este vestía un manto amarillo que resplandecía con el sol. Se acercó al viejo, alargó la mano, le quitó una ramita que se había enredado en sus barbas, y la tiró al agua. Desde la barca se veía la boca de la cueva; las cabras se habían escondido. El viejo se miró las manos; sus uñas eran tan largas que se retorcían. El sol brillaba en lo alto, la superficie del agua era un espejo.

(Vaciadas de sangre las venas, limpias las entrañas—de donde el hombre de amarillo ha sacado una serpiente blanca—el cuerpo del viejo, que fue inmolado en la cubierta, es devuelto al agua. Dicen que no tiene fondo la laguna. La barca sigue su curso hacia el este, y a la hora en que se oculta el sol atraca en la arena, mientras la gente entona cantos de alabanza. El hombre de amarillo, a bordo todavía, alza ambas manos, y la serpiente se retuerce en el aire. El silencio. Treinta y ocho niños aguardan en la playa. Sus cuerpos, vistos desde arriba, pie con pie, mano con mano, forman una estrella. Cuando aparece la luna, la serpiente es libertada; alguien la deja en un disco en el centro de la estrella. Por la noche escoge entre los niños a su nuevo huésped, y al día siguiente la barca parte con ellos para la isla.)

GENTE DE LA CABEZA

Conocí a Luisa en el "Baby Doll Lounge". La primera vez que la ví, o que recuerdo haberla visto, me hizo pensar en Lucrecia, mi primera amiga, en la que ya nunca pensaba. Cuando terminó de bailar vino a sentarse a mi lado. Tenía mi edad, pero su piel estaba marchita y su frente estaba surcada por arrugas prematuras. Parecía tímida. Se lo dije, y respondió:

—Sí, sí. Y odio este lugar. Pero pronto todo cambiará.

Le dije que así lo esperaba. Pagué su bebida y me despedí.

La segunda vez fue una mañana que yo iba camino del trabajo. Ella vestía un abrigo negro y su cara estaba pálida. Pasó corriendo a mi lado. Comencé a seguirla, pero dobló una esquina y la perdí. Ese día, al salir de la oficina, regresé al salón, pero no la encontré.

No me gustaba mi trabajo. Por las tardes, aunque estuviera cansado, no volvía a casa, sino que recorría las calles hasta el anochecer; pero era como si el que andaba no fuera yo. Si alguien me hubiera preguntado por qué iba a los lugares a donde iba, probablemente yo habría encontrado algún pretexto. Era como la piedra del filósofo, que al ser lanzada por el aire cree que tiene voluntad. Al cabo de tres meses volví a visitar el "Baby Doll Lounge". Era una noche lluviosa, el último viernes de abril.

Yo no suelo beber, pero esa noche lo hice. Una mujer bailaba, mirándose en el espejo. Ví a Luisa que hablaba con un hombre al final del mostrador. De pronto, Luisa estaba a mi lado. Me acompañó a beber. No recuerdo lo que me decía, pero estaba contento, y terminé sin dinero. Entonces, ella habló de Wing Hung Wong. Era el hombre que nos miraba desde el fondo. Luisa me tomó del brazo y me llevó junto a él. Era pequeño, y su mano estaba húmeda y fría. Luisa le hablaba al oído y lo abrazaba. En cuanto pude inventé un pretexto para salir.

Volví a ver a Luisa dos días más tarde, en una parada de autobús. Me dijo que le gustaría platicar conmigo, y quedamos en que esa tarde, al salir de la oficina, la invitaría a tomar un café. Parecía querer convencerme de que Wing Hung Wong era un buen hombre. Era un erudito, afirmó, y un genio financiero.

Había llegado de la China por el tiempo de la Destrucción. Vivía en un viejo edificio de varios pisos y fachada humilde. Yo le había caído bien, me dijo Luisa, y él quería saber si había algo en lo que pudiera ayudarme. Yo me reí, y ella debe de haber visto mi desconfianza, porque agregó:

—Te aseguro que no espera nada de tí.

Cuando nos despedimos, le dije que lo pensaría. Dicen que el acto inmoral consiste precisamente en eso, pero no había mucho que pensar. Al llegar a casa había decidido averiguar la manera en que Wing Hung Wong creía que me podía ayudar.

A la mañana siguiente no me levanté para ir al trabajo. Cerca de las diez sonó el teléfono. Era mi jefe, y dejé que el contestador lo atendiera. Pasé la mitad del día junto a la ventana, mirando a la gente que pasaba por la calle. Me puse a ordenar los estantes. Abrí un libro al azar y leí: "Let us imagine ourselves transported to a very lonely place". Wing Hung Wong llamó por teléfono para invitarme a cenar. Le dije que lo sentía, y salí a caminar. Estaba un poco confundido.

Al volver, encontré un pedazo de papel bajo la puerta. Era de Luisa; me extrañó, porque no recordaba que le había dicho dónde vivía. Wing Hung

Wong esperaba que yo fuera a su casa. Yo debía complacerle—Luisa había escrito—pues no me costaba nada, y ella me lo pedía. En el dorso de la hoja había un plano con las señas de Wing Hung Wong.

A las ocho me encontraba a la puerta. Hice sonar el timbre, oí el zumbido del cerrojo y empujé. Cuatro escalones subían a un descanso; el pasillo seguía a la derecha. En una salita mal iluminada había una silla, una bastonera y un espejo. Subí al segundo piso por un largo tiro de escaleras. Arriba encontré más luz. Un corredor alfombrado llevaba a un cuarto donde había una mesa baja y un diván. Allí, de pie, al lado de un alto jarrón negro, estaba Wing Hung Wong. No nos dimos la mano. Se veía que estaba sorprendido.

—Me alegra que Luisa lo haya convencido—me dijo—. Ella va a llegar un poco tarde.

Después de servir el té me dejó solo, diciendo que pronto volvería.

En el centro de la mesa había una miniatura de marfil, un elefante al que embestían cinco tigres. En la base se leía: El alma y los sentidos. Me levanté y fui hasta la pared opuesta, donde había una repisa con caparazones de tortuga, antiguas monedas chinas, tallos de milenrama, alas de plumaje negro.

Me acerqué al jarrón, y ví que en su contorno una serpiente y una garza peleaban por un pez atrapado en una red de plata. De la boca salía un olor rancio. Estiré el cuello y miré dentro, y luego me volví hacia la puerta, porque había oído una voz. "Estas cosas necesitan tiempo", decía Wing Hung Wong. "Tendrán que esperar. Sí, siete semanas". Cuando regresó al cuarto me dijo:

—He pedido unas ostras del Palacio de Jade, que queda en la esquina. Son deliciosas. Espero que Luisa no tarde demasiado.

Me pareció buena idea hablar de Luisa; le pregunté dónde la había conocido.

—Donde usted la conoció—me dijo—. Hace un año. Si uno trabaja tanto como yo, necesita divertirse de vez en cuando.

Le dije que estaba de acuerdo. Me preguntó qué hacía yo.

—Nada—contesté—, por el momento.

—¿Tiene muchos amigos?

—No tengo amigos.

El tosió, y empezó a hablar de su pasado.

No dormí bien esa noche. Había comido muchas ostras, y Luisa no había llegado. Dando vueltas en la cama, me decía que Wing Hung Wong era un hombre cansado y vanidoso. "Soy un estadista", había dicho, "pero la gente me consulta como si fuera un oráculo".

Al día siguiente regresé al trabajo, para que me informaran que estaba despedido. Vacié los cajones de mi escritorio y volví a casa. Por la noche fui a buscar a Luisa al "Baby Doll Lounge". Pregunté por ella a las bailarinas y a la cantinera. Debería haber llegado hacía horas, me dijeron; nadie sabía dónde la podría encontrar. Pensé que nunca volvería a verla, y recordé en ese momento lo que Wing Hung Wong me había dicho la noche anterior mientras comíamos: "Las muchachas así no valen nada". Decidí ir a visitarlo, pues su casa no quedaba lejos, con la esperanza de que él supiera dónde encontrarla. Llamé varias veces a su puerta, pero no me respondieron, Pensé: "Mejor así".

Siempre me han gustado los días que pasan entre uno y otro empleo, en los que puede gozarse del ocio, sin el sabor artificial que tienen los días de fiesta. Son los días en que se descubren calles y lugares nuevos, porque uno camina sin rumbo determinado, y se regresa a casa enriquecido, tal vez con un libro raro, por el que se ha pagado poco, bajo el brazo. Una de aquellas tardes, cuando volvía de un largo paseo, me detuve a mirar los ejemplares que una vieja tenía dispuestos en la acera. De pronto comenzó a llover, y la vieja se puso a recoger los libros, que fue metiendo en una caja. Al terminar, me dijo:

—¿No los quiere? Se los vendo baratos. Pesan mucho, y no podré cargar con todo esto hasta mi casa.

Le di por ellos el poco dinero que llevaba.

Por la noche, después de revisar los libros, la mayoría de los cuales carecían de valor, me dejé caer en el sillón y comecé a hojear un maltratado volumen de la *Ghaya al-hakim*. Fue así como encontré la relación sobre los sacerdotes de Harrán, conocidos por sus enemigos como "la gente de la cabeza". Su prestigio, basado en las predicciones infalibles que hacían de sucesos futuros, declinó rápidamente cuando llegó a saberse que, para obtener el oráculo, introducían a un hombre en un alto jarrón—con aceite de sésamo hasta el cuello—donde permanecía el tiempo necesario, alimentado de higos, para que sus tejidos quedaran saturados y el sacrificador no tuviera sino que tirar de los cabellos para separar del tronco la cabeza que, entonces, decía el porvenir.

Estaba por escribir unas líneas en mi diario, cuando recordé las caparazones de tortuga, las monedas chinas, los tallos de milenrama, las plumas negras y el jarrón. Recordé que Wing Hung Wong me había dicho: "Yo soy un oráculo según alguna gente". Como en una pesadilla, vi la cabeza de Luisa entre sus manos. Cerré el libro y salí a la calle.

En el "Baby Doll Lounge" me dijeron que hacía días que Luisa no llegaba. Caminé hasta la casa de Wing Hung Wong, pero no me atreví a llamar a la puerta. "No es imposible", pensaba, "pero no puede ser". Todo me parecía absurdo. Me reía de mí mismo, y después sentía miedo. Entré en el Palacio de Jade, me senté junto a la ventana y pedí una serie de platos que apenas toqué. El olor de los fideos me desagradaba. Llamé al camarero y le pregunté con qué estaban preparados.

—Con aceite de sésamo—me dijo.

Hice a un lado el plato. El jarrón de Wing Hung Wong tenía el mismo olor.

Cuando volví a casa era medianoche. Abrí el libro y releí el pasaje de "la gente de la cabeza". Wing Hung Wong había dicho: "Estas cosas necesitan tiempo. Siete semanas". ¿Con quién hablaba? Clareaba el día cuando logré dormirme.

Al despertar, recordé la víspera como si fuera algo lejano, y mis temores me parecieron ridículos. No había nada raro en el hecho de que Luisa, una bailarina, hubiera desaparecido sin dejar rastro. Wing Hung Wong era sin duda un personaje excéntrico, pero no por eso podía yo acusarlo de homicida.

Llamé por teléfono a varias agencias de colocaciones para ofrecer mis servicios. Preparé algunos sobres con mis referencias y me dirigí al correo. Mientras esperaba turno, se me ocurrió ver si el número de Wing Hung Wong se encontraba en la guía. Selladas las cartas, anduve hasta los anaqueles, donde estaban las guías telefónicas, atadas por cadenas a una barra de metal. Encontré el nombre; debajo, se leía: Pronósticos financieros.

Regresé a casa y marqué el número. El contestador pidió que dejara mi nombre, o el nombre de la compañía para la que trabajaba, el motivo de mi llamada, la fecha, la hora, y el número del que llamaba. Colgué.

Eran las doce. Yo trataba de ordenar mis pensamientos.

Wing Hung Wong, que había hecho su fortuna dictando pronósticos financieros, poseía una colección de objetos de arte adivinatorio, y, junto a ellos, un alto jarrón que olía a aceite.

Wing Hung Wong, a quien Luisa había calificado de erudito, probablemente conocía el método usado por "la gente de la cabeza", que tuvo fama de infalible.

El oráculo exigía un jarrón, aceite de sésamo, y una víctima. Wing Hung Wong, que había dicho de Luisa: "Las chicas así no valen nada", poseía lo primero; y Luisa, que trató de convencerme de que Wing Hung Wong era un buen hombre, había desaparecido.

Por otra parte, reflexioné, Wing Hung Wong había tratado de conseguir mi amistad. Tal vez mis sospechas iban mal encaminadas; tal vez Luisa no corría peligro. Ella había servido sólo de instrumento, y la necesaria víctima era yo.

Sonó el teléfono. Era él; su tono era obsequioso. Me invitaba a almorzar. Antes de que pudiera contestarle, oí la voz de Luisa.

—¿Dónde has estado?—le pregunté—. Fui a buscarte varias veces. Nadie sabía dónde estabas, y comenzaba a preocuparme. ¿Estás bien?

—Nunca me he sentido mejor—me dijo; su voz parecía natural—. Pasé unos días en la playa; hacía tiempo que lo necesitaba. Wing me invitó. Perdona que no llegara la otra noche. Estaba muy cansada. ¿Vas a venir?

Dije que sí. Miraba desde el escritorio el libro de la *Ghaya al-hakim*, abierto sobre la mesita al lado del sillón. Una corriente de aire levantó las hojas. Hice unos apuntes en el diario y me preparé para salir.

Había andado la mitad del camino a la casa de Wing Hung Wong, cuando me detuve. "Van a meterme en el jarrón", pensé. Habrían puesto un sedante en la comida, y al abrir los ojos yo comprendería lo ocurrido. Estaría amordazado, tal vez, con una sonda en la garganta, por la que Wing Hung Wong me alimentaría. Luisa sabía que yo vivía solo, y yo le había dicho a Wing Hung Wong que no tenía amigos. Con una vaga tristeza pensé en cuánto tiempo pasaría antes de que alguien se diera cuenta de mi desaparición. Seguí caminando, despacio.

Quizás ésta era la última vez que veía la calle, las vitrinas que nunca miraba, los granos brillantes en la acera; nunca más respiraría este aire impuro. Y, al mismo tiempo, sentía que nada ocurriría. Era entonces como si en el fondo yo deseara que mis temores se vieran realizados. No es que yo quisiera ser la víctima, sino que me hubiera gustado comprobar que me había sido dado el prever mi destino.

La puerta estaba entreabierta; no toqué el timbre. Subí las escaleras sin hacer ruido. Al llegar al pasillo oí a Luisa que se reía, y la voz de Wing Hung Wong.

Entré en la sala. Luisa se veía contenta y saludable, años más joven que la que yo recordaba. Wing Hung Wong, que se levantó a darme la mano, parecía inofensivo. El almuerzo, procedente del Palacio de Jade, estaba servido.

Mientras comíamos, empecé a descartar las sospechas que había abrigado, hasta que el olor del sésamo me hizo detenerme.

—La otra noche—le dije a Wing Hung Wong, que sonreía—no le pregunté qué era todo eso.

Señalé la colección en la repisa.

—Oh, todo el mundo lo pregunta—dijo—. Son antigüedades, herencia de mis antepasados, que según la tradición de la familia, eran vaticinadores. Son oráculos, si usted quiere, instrumentos que, como he podido comprobar, no son menos precisos que los procedimientos modernos para predecir el futuro.

—Y el jarrón—le dije—. ¿No es un oráculo?

—No estoy seguro—. Su cara se encendió ligeramente. Parecía avergonzado por no saberlo.

Luisa se puso de pie. Eran las dos. A las tres tenía que presentarse en su nuevo trabajo, explicó.

Cuando estuvimos solos, le dije a Wing Hung Wong, que había vuelto a sentarse a mi lado:

—Entonces, usted no utiliza el jarrón. Es un alivio el saberlo, pero es también una desilusión. Hace algunos días me enteré de la existencia de un oráculo infalible, que me hizo pensar en su jarrón. Pero este oráculo exigía una muerte. No se ofenda si le digo que llegué a creer que usted podría emplear tal método. Debe saber que si así fuera, yo le daría, hasta cierto punto, mi aprobación. ¿Qué importancia tendría una sola vida, si con ella al hombre le fuera posible conocer el porvenir?

—No lo sigo—me dijo—. Por favor, explíquese.

Le conté lo que había descubierto en el libro, y lo que ello me había hecho sospechar.

Dijo:

—Supongo que mi color habrá contribuido a que usted me creyera capaz de semejantes prácticas.

—Tal vez. Pero uno atribuye sus propias cualidades a los otros; no se puede hacer otra cosa.

—¿Y usted, sería capaz de hacerlo?

—No sé. Pero soy capaz de imaginarlo.

Wing Hung Wong juntó las manos.

—Podríamos hacer una fortuna. ¡Un oráculo infalibe! Pero, ¿ya pensó en la víctima? ¿Y si no funciona?

—Para hacer la prueba—le dije—comenzaríamos con uno de esos vagabundos que nadie echaría de menos.

Se hizo para atrás, como si yo de pronto le causara repulsión.

LAS LAGRIMAS

Hacía casi un mes que estaba en el puerto de Livingston, adonde había ido para grabar ejemplares de las canciones fúnebres de los *garífuna*. Desde el principio me di cuenta de que la empresa no sería fácil. Necesitaría ganarme, no sólo la simpatía, sino la amistad y el cariño de la gente.

Me había instalado en un bungalow a un kilómetro del pueblo, en medio de unos cocales a la orilla del mar. Por unos días me pareció que era la vida sin preocupaciones con la que todos soñamos. Pero esto cambió cuando vi que los intentos que hacía para ponerme en contacto con los habitantes se veían frustrados.

Desde mi llegada había tomado a un muchacho negro, Agustín, por servidor. Cuando, al cabo de dos semanas, me preguntó cuándo pensaba marcharme, le expliqué el propósito de mi visita, y le dije que no me iría hasta verlo cumplido. Inmediatamente me di cuenta de que había cometido un error: Agustín me miraba con recelo. No tardaría en divulgar la noticia. Yo mismo me sentía incómodo. Quería ganarme el afecto de la gente, y, al mismo tiempo, deseaba la muerte de uno de ellos. Sin difunto, no habría exequias; sin exequias, no podría realizar mis grabaciones. Llegué a temer que ya hubiera ocurrido alguna muerte durante mi estadía, y que me lo hubieran ocultado. Se lo dije a Agustín; me contestó que habría oído los tambores. Le pregunté si creía que me permitirían asistir a los velorios. Me dijo que no lo sabía, y después añadió que todo era cuestión de dinero. Habían pasado cuatro semanas, y yo comenzaba a pensar en desistir.

Un atardecer, caminando por la playa, vi a una mujer con una niña sentadas en el tronco de una palmera. Lloraban las dos, y no me vieron hasta que me detuve frente a ellas. La mujer tenía el color de la ceniza; la niña, que evidentemente era su hija, dejó de llorar cuando me vio. Le pregunté a la mujer por qué lloraba.

—No tengo dinero—me dijo—. Y necesito trabajo.—Se secó las lágrimas.—Abandoné a mi marido porque cada vez que se emborracha nos pega. Si me encuentra me va a matar.

—¿Qué sabes hacer?—le pregunté.

—Sé cocinar, señor. Soy mujer. Y puedo lavar y barrer.

Al lado de mi bungalow había una choza desocupada. Le dije que podía pasar allí la noche, y que si me gustaba como hacía la cocina, la emplearía.

A la mañana siguiente, después de mostrarle a la mujer los utensilios, fui al pueblo en busca de Agustín, para decirle que ya no le necesitaría. Pero había salido de madrugada con los pescadores, me dijeron, y no volvería hasta la tarde. Pasé por la oficina de correos. No había cartas para mí. Le pregunté al encargado si conocía a Julia, mi nueva cocinera.

—Claro que la conozco—me dijo—. Es famosa. Trabaja en Las Lágrimas. Si quiere información, allí se la pueden dar.

Las Lágrimas era una cantina, cerca de la playa, al final de una calle de tierra. Al entrar me pareció que el lugar estaba vacío. No había nadie detrás del mostrador, y las ventanas estaban cerradas. Iba a salir, cuando desde una esquina llegó el ruido de un líquido al ser vertido en un vaso. Me volví, y encontré la sonrisa de un negro. Ofreciéndome una silla, me dijo:

—Hágame el honor.

Fuí a sentarme frente a él. Bebía aguardiente con sal y limón. Se levantó a traer un vaso y me sirvió, tambaleándose, de su botella. El cantinero todavía no se había despertado, me informó, pero él era un amigo de la casa. ¿De dónde era yo? ¿Y qué hacía allí tan temprano?

Cuando pronuncié el nombre de Julia, dejó caer un puño enorme sobre la mesa. La botella rodó al suelo.

—¿Dónde está?—me preguntó, agarrándome de la camisa—. Es mi mujer.

Le pedí que me soltara y recogí la botella. No pude resistir la tentación, y le dije dónde estaba Julia, y que no fuera a cometer una locura. En ese momento entró el cantinero; aproveché la ocasión para salir. Regresé de prisa al bungalow. De tiempo en tiempo miraba para atrás, porque tenía la impresión de que alguien me seguía.

Julia aún no había preparado la comida. Le ayudé a cortar las verduras, y ví que no estaba acostumbrada a cocinar. En cierta manera, era un alivio el que me hubiera mentido. Después del almuerzo, en lugar de dormir la siesta, salí a caminar por la playa. El cielo estaba nublado y no hacía calor.

Anduve sin detenerme hasta la barra, donde el agua era café. Un niño que pasaba me vendió dos caracoles que acababa de sacar del mar. Crucé el río, y cuando vi que estaba solo me desnudé y entré en el mar. Después me bañé en el río, para quitarme la sal. Comencé a caminar de regreso. Los botes de los pescadores se acercaban por el horizonte. El sol apareció bajo las nubes, y el mar se tiñó de dorado.

Encontré abierta la puerta del bungalow. En la cocina, una olla con un guiso había sido volcada en el suelo; en el charco de salsa se veían las huellas de un perro. Salí al corredor y me puse a dar voces. Fui hasta la choza; estaba vacía. Cerré la puerta del bungalow y me dirigí hacia el pueblo.

En la calle principal me encontré con el empleado de correos.

—Mataron a Julia—me dijo—. Acaban de encontrarla. Por fin tendrá su velorio.

Anduve algunos pasos con él.

—¿Dónde la encontraron?—le pregunté.

—¿Dónde? ¿Dónde cree? Entre unas matas.

Le pedí que me acompañara a tomar una cerveza. Dijo que tenía que bajar al muelle a esperar unos paquetes que llegarían con el último barco, así que fui yo solo.

En Las Lágrimas, las ventanas seguían cerradas, no estaba el cantinero, y el negro, sentado en la esquina, parecía que no se hubiera movido. Una candela ardía en la mesa frente a él.

—Ah, es usted—dijo al verme.

—Lo siento—le dije. Cogí su botella y dí un trago.

—Oiga—me dijo—. Los tambores.

Era cierto; los tambores empezaban a tocar.

Agustín entró en ese momento.

—Al fin lo encuentro—me dijo. Traté de interrumpirlo, pero continuó—: Los músicos están calentando. ¿No va a ir al velorio?

Me acerqué a él y le pedí en voz baja que fuera a preparar el acumulador.

—¿Va a ir al velorio?—me preguntó el negro cuando Agustín hubo salido.

Me sentí obligado a explicarle lo que pensaba hacer.

—¡La música!—exclamó—. Yo soy un gran bailarín. Pero no podré bailar a donde voy. No crea que no la quería, aunque fuera lo que era. Sin ella no valgo nada; pero el hombre que deja que su mujer haga lo que quiera es una mujer. Ya no quería trabajar. Por eso la maté. Pero usted me cae bien. Le prometo otra noche de música para mañana. A su salud.

No vi de dónde se sacaba la pistola; respiré cuando se la metió en la boca. Con los ojos desorbitados, tiró del gatillo.

Al salir a la calle ví al cantinero, que se acercaba acompañado de dos policías. No me detuvieron, y corrí por la playa hasta mi casa.

Mientras me preparaba para ir al velorio, pensaba: "Nunca más. Mañana tomo el barco". Los ojos del hombre no me dejaban en paz. Comenzaba a lloviznar cuando me puse en camino. La capilla estaba llena de gente y los tambores retumbaban. Agustín tenía listo el acumulador. Empezamos a grabar.

El ataúd estaba cerrado; era un cajón blanco adornado con flores. Una imagen de San Isidro, iluminada por veladoras, colgaba de la pared. Una mujer gorda vestida de azul se había parado debajo de la luz, con un misal rojo en las manos. Dejaron de tocar los tambores, y la mujer comenzó a orar:

La puerta de cielo tán cerrá
meno la de la lágrima.

Y los fieles respondían:

El tá trite cuando ello tán trite.

Del cuarto contiguo, separado por una cortina, llegó el llanto de una niña. Volví la cabeza, y una escena absurda sobrevino. La hija de la muerta había entrado, y al reconocerme corrió hacia donde yo estaba. Se abrazó de mis piernas, y cuando Agustín trató de separarla, comenzó a dar alaridos. Le ordené a Agustín que la dejara, pero siguió gritando. No se calló hasta que la hube cargado. La mujer había cerrado el misal, y volvieron a comenzar los tambores. La niña se calmó y por fin se quedó dormida. De tiempo en tiempo abría los ojos y sonreía.

No logré deshacerme de ella en toda la noche. Al día siguiente, después del entierro, el sacerdote me apartó para decirme que la niña había quedado completamente sola, y me preguntó si no conocía a alguien que pudiera hacerse cargo de ella. Me invitó a almorzar. Me dejé persuadir, y accedí a tomarla bajo mi protección.

Por Agustín me enteré de que en el pueblo se hablaba de mí. Unos decían que era un buen hombre, y que la niña no podría haber sido más afortunada. Otros sospechaban motivos menos dignos detrás de mi buena acción.

XQUIC

Si el mejor de los mundos es uno en el que cada cosa puede convertirse, en determinado momento, en el símbolo de cualquier otra cosa, entonces en el mejor de los mundos el hoyo sin fondo que está en uno de los potreros de la finca "El Retiro"—en el ángulo inferior del departamento del Petén que toca la frontera mejicana—será, a su debido tiempo, el símbolo que represente la vida de ciertos miembros de la Universidad de Nueva York. Pero en este mundo la vida no permite que se la sustituya por el vacío; así que éste no es el mejor de los mundos.

Una mañana de junio el ganado pastaba alrededor de la cerca que rodeaba el hoyo aludido, donde la yerba era alta y verde, cuando dos jinetes se aproximaron lentamente. El ganado se dispersó y los hombres desmontaron, para atar sus caballos a la cerca. Conversaban, mientras el sol ganaba altura; sudaban y no sonreían. Uno de ellos, gordo, moreno, de pelo gris, hablaba con prontitud, en voz baja. El otro era joven, de rasgos aindiados, y decía sí con la cabeza una y otra vez. Se dieron la mano antes de volver a montar. Uno salió al trote hacia Esperanza, y el otro, al paso, regresó a la desolada casa de la finca.

No volvieron a encontrarse hasta meses más tarde, lejos de allí, una noche, durante el ciclo de conferencias celebradas con motivo del ciento cincuenta aniversario de la fundación de la Universidad de Nueva York. El público fue sorprendido por el discurso de un catedrático extranjero, un hombre gordo, moreno, de pelo gris. Habló de un animal único e individual, género y especie al mismo tiempo. Sus razonamientos fueron recibidos con frialdad; pero no faltó quien simpatizara con ellos.

Un pequeño grupo permaneció en el salón cuando la conferencia hubo terminado. Clara Graf, de la Facultad de Ciencias, mostraba por "el ser único" del discurso un entusiasmo que parecía poco natural. Ella misma, dijo, había concebido en otro tiempo la idea de un ser semejante, aunque las proposiciones rígidas del extranjero estaban lejos de representar la realidad que ella percibía, en la que los sueños se relacionaban con la cópula de los insectos o con las emanaciones nocturnas de alguna flor.

—Los animales son como los números—explicaba Clara a Antonio, un hombre pálido que parecía no comprender—que están compuestos de otros números.

—Ese ser es una cifra clave—confirmó Joaquín, el joven de rasgos aindiados—algo como el cero o el inconmensurable Pi.

Antonio se volvió y reconoció a Joaquín, a quien no había visto en muchos años; su cara le hizo volver a la niñez. Le dió la mano e interrumpió a Clara para presentárselo. Mientras tanto alguien decía que el clasificar las formas de vida en géneros y especies era tarea inútil porque cada clase y cada individuo no es nada en sí mismo.

—Clasificar a un animal en cuanto al número de patas equivaldría a determinar los números según el valor de los ángulos y de los arcos que los conforman.

—La vida es como un inmenso tapiz—dijo una mujer entrada en años—; si un hilo se mueve aquí, se mueven otros más allá.

—Y Xquic, el ser único, es el hilo central de la urdimbre— dijo el profesor extranjero, que se había acercado en silencio.

Me parece que las cosas han occurido de golpe—escribe Antonio en su cuaderno de viaje, remitido a la universidad desde "El Retiro"—*y que cada etapa a lo largo del camino que me ha traído hasta el lugar donde me encuentro está separada de la próxima por una valla insuperable.*

Era diciembre. Instado por Clara por una parte, y por Joaquín por la otra, había emprendido el viaje al sitio donde, según un artículo del profesor publicado en el periódico de la facultad, "el ser único" había sido descubierto. *Ayer paseaba con Clara por el campus, hablando de un ser imposible, un ser único. Hoy escribo a la luz de una lámpara de alcohol, rodeado por la oscuridad y por la selva.* Habla de la posibilidad de creer en lo increíble; se apoya en Francisco Sánchez, que hace cuatro siglos escribió que las hojas de ciertos árboles, al caer en un río de Irlanda, se vuelven peces, y que el oso lame a su cachorro para darle forma.

Viajó río arriba por el Chixoy en un cayuco hecho del tronco de una ceiba, con doce personas cuyas caras no pudo ver, salvo la de un niño, sentado a su derecha, al que miraba por encima del hombro, que de tiempo en tiempo metía la mano en el agua y la movía *como si quisiera convertirla en pez.*

El río es angosto. En ambas orillas, antes de entrar en la selva, se ven cercas de alambre con postes de izote, ranchos con techo de palma. Aquí hay un corral largo en el fango, con siete caballos sucios, inmóviles; allá, garzas blancas, y entre ellas una garza gris. La maleza es de hojas largas en forma de sable, o redondas, en forma de estrella. Pasan sobre la armazón de un puente sumergido. Un tributario vierte en el río verde agua café. Un árbol recién caído hace que el agua salte con ruido.

Pasó la noche en una aldea—ocho o diez casas despintadas junto al río—donde el cayuco se detuvo a la hora del crepúsculo, que no duró. El aire de la selva, dice, le hizo sentirse pesado, le afectó como una droga.

Los sueños que tuvo, que olvidó, le dejaron un mal sabor. Desayunó cuando salía el sol, en una choza sobre el río. Un niño mudo, que no tenía lengua, vino a sentarse a su mesa, frente a él.

Logró que le diera comida, y después unas monedas, y que, por dárselas, me sintiera mejor. En su torturado lenguaje de gestos el niño le contó sucesos que, al parecer, él había presenciado: un hombre muerto a cuchilladas; un envenenamiento; un náufrago devorado por un pez.

Antonio preguntó a la mujer que le sirvió la comida si sabía de dónde venía el niño. La mujer no lo conocía; había aparecido la noche anterior, por el sendero que corría paralelo al río, por la dirección a la que Antonio se dirigía. Con curiosidad Antonio se dio cuenta de que el niño había inspirado respeto, y tal vez incluso miedo, a la mujer.

Continúa el viaje en el mismo cayuco, con otro cayuquero. El río se ha hecho más angosto y los árboles se acercan en lo alto y llegan a formar un túnel. Ahora Antonio está sentado en la parte trasera del cayuco, junto a un hombre sin camisa, cuyo torso está curtido por el sol. Delante van dos mujeres jóvenes, ambas con largas trenzas de pelo negro y aceitoso.

Se detienen al mediodía para almorzar. Antonio se queja del calor. No come; escribe: *Clara—la causa de este viaje—vive entre los libros, en un clima frío, como una planta transplantada, tras cristales. Cree en un mundo ordenado, donde el desorden existe sólo para darnos esperanza, para permitirnos dudar. Yo, mientras sudo y siento la aversión de los mosquitos, no puedo pensar que la forma del mundo sea otra que el caos. Quisiera haber comenzado este viaje sin ningún motivo, sin ningún fin.*

Encontró el campamento en el lugar indicado, en un recodo del río. Primero vio las dos banderas flácidas: la bandera rectangular de la república; la bandera triangular de la universidad. El campamento consistía en una choza pintada de blanco, a pocos metros de la orilla, y cuatro tiendas de campaña dispuestas en semicírculo a su alrededor. Cuando el cayuquero apagó el motor, Antonio oyó, en tierra, el ruido de otro motor, que inmediatamente dejó de sonar. Una mujer rubia y pequeña salió de una de las tiendas. Otra apareció por la puerta de la choza que daba al muelle sobre el río. Era pequeña también, pero su pelo era negro y su piel era del color de la gente de la región. Antonio desembarcó. *Desde el principio*, escribe, *hubo una confusión*.

—¿Señor inspector?—le preguntó la mujer.

El cayuco se alejaba.

—¡Mañana a las diez!—el cayuquero gritó, quitándose el sombrero para decir adiós.

La mujer, que se llamaba Iris, iba vestida como las de la aldea donde Antonio había pasado la noche anterior. *La dejé seguir en el error*—explica—*porque por alguna razón me sentía como un intruso*. Sin embargo, reconoce que no le halagó el pensar que su aspecto fuera el de un inspector nacional.

Pronto se dio cuenta de que no debería haber mentido. La mujer no era una simple sirvienta, como lo creyó al verla. Hablaba, ademas del mam (la lengua de su pueblo), el español, y al entrar en la choza Antonio notó que había estado leyendo una revista en alemán.

—Si no le importa—le dijo, para evitar el diálogo—me gustaría dar un paseo por los alrededores.

El pretexto era válido; después del viaje en cayuco necesitaba estirar las piernas.

—Claro—dijo Iris. Volviéndose hacia la puerta, gritó—: ¡Ann!

Ann era la mujer que Antonio había visto salir de una de las tiendas. Iris insistía en que lo acompañara.

Ann acudió corriendo, las mejillas rosadas por el calor.

Anduvieron los tres hasta el centro del campamento, donde estaba la caseta del generador. Desde ahí se veía, hacia el norte, un sendero recto que se hundía entre los árboles. Y hacia el este había otro, que serpenteaba con el río.

—Pueden ir por aquí y regresar por allá—dijo Iris—o al revés.

Antonio escogió el camino recto, sin saber exactamente por qué. Ann hablaba acerca de las investigaciones; algo sobre el equilibrio y la armonía y la interrelación de las especies, cosas que Antonio había oído ya decir a Clara y que lo llenaban de cansancio. Se preguntaba si Ann no estaría aburrida de vivir aquí, pero no se atrevió a interrogarla a ese respecto porque le pareció que hubiera sido indigno de un inspector. El camino, rigurosamente recto, hace que Antonio compare la selva con una catedral.

—¿Hasta dónde llega?—preguntó.

—¿No lo sabe?—Ann estaba sorprendida—. Es el camino del pozo de Xquic.

Caminaron algunos minutos en silencio.

—Dígame en qué está pensando—dijo por lo bajo Ann cuando se detuvieron.

El agua del pozo era cristalina—se lee en la última hoja del cuaderno—*y la vara que Ann me hizo hundir en ella no se quebró. En el fondo, de arena gris, se veían tres círculos concéntricos. Un movimiento casi imperceptible, lento y regular, hizo que me inclinara sobre el agua. Vi, en la superficie, mi cara, mi boca entreabierta; la retiré. Había un olor metálico en el aire.*

En el centro del pozo, cerca del fondo, apareció un punto que absorbía la luz. No tocaba el fondo; proyectaba sobre él una sombra con la forma de una coma. Parecía que crecía desde dentro, que surgía de sí mismo, del agua transparente, de la nada. Giraba sobre sí muy lentamente, y mientras giraba iba cambiando, o cobrando, forma. Sentí un ligero mareo, un frío en la nuca, una sensación—como un golpe en la cabeza—de irrealidad.

Lo que se había formado era el fósil, cuidadosamente imperfecto, con una grieta aquí, un agujero allá, de un caracol. Se expandió hasta alcanzar el diámetro del pozo, y desapareció.

Anochecía. Ann había comenzado a caminar hacia el campamento por el sendero del río. La seguí.

—No lo dudo, profesor—dijo Clara—es su escritura.

El cuaderno, pequeño y negro, estaba maltratado. Clara se puso de pie y lo dejó caer sobre la mesa. Sintió, de pronto, vértigo; puso la mano en el respaldo de la silla. "Es una farsa", pensó. Antonio, lo sospechaba, no tenía la intención de volver. Había algo—no sabía precisamente lo que era—en el profesor, con sus ojos vidriosos, su pelo gris, que le inspiraba desconfianza. Era la escritura de Antonio, ligeramente más pequeña y apretada que de ordinario, lo que podía deberse al deseo de economizar papel. Pero tal vez había otra explicación. Se volvió hacia los ventanales; era de noche y la nieve comenzaba, blanca, sin violencia.

—El testimonio de su amigo—le dijo el profesor—tiene para nosotros gran valor.

Esto era cierto. Antonio era un escéptico. Clara advirtió la ironía: la credulidad de Antonio cuando ella empezaba a dudar.

—El dudaba—siguió el profesor—pero hizo el viaje, que pocos han emprendido, y vio. Otros creen y no necesitan moverse.

—Como yo—dijo Clara. Cruzó por su mente la imagen de Antonio que seguía a Ann.

—Como usted—asintió el profesor, levantándose para acompañarla hasta la puerta.

La idea del caracol ha trascendido—decía la esquela que el profesor envió a Joaquín, que aguardaba noticias en "El Retiro" —. *El periódico de la Facultad de Ciencias ha anunciado el otorgamiento del capital necesario para la continuación de las investigaciones en torno al pozo de Xquic. Enhorabuena a Antonio. Recuerdos a Iris y a Ann.*

Después de leerla, Joaquín se puso las botas y salió al corredor, donde las tablas estaban podridas. Ordenó a un muchacho que se mecía en una hamaca que fuera a Esperanza por hielo y cervezas. Rodeó la casa y encontró a Antonio que flotaba de espaldas en la estrecha piscina de agua verde. No había ninguna Iris, ninguna Ann.

INDICE

Rodrigo Rey Rosa nació en Guatemala en 1958 y allí cursó estudios. Residió luego en Nueva York y desde hace años vive en Marruecos. Su obra narrativa ha sido traducida al inglés, francés y alemán.